Drehbuch III

Transformation statt Veränderung

Technologie der Selbst-Befreiung

Übersetzung und Umschlaggestaltung:
Stephanie Hartung, Köln

Amerikanische Originalausgabe

Titel Transforming #1
Context Publications,
P.O. Box 2909, Rohnert Park, CA 94927, USA

Die Deutsche Bibliothek — CIP-Einheitsaufnahme
Smothermon, Ron:
Drehbuch / Ron Smothermon. - Bielefeld : Context-Verl.
Bd. 1 bildet: Smothermon, Ron: Drehbuch für Meisterschaft im Leben
3. Transformation statt Veränderung :
Technologie der Selbstbefreiung / [Übers.: Stephanie Hartung]. - 1. Aufl. - 1991
ISBN 3-926257-10-5

Deutsche Ausgabe

Postfach 1750, D-4800 Bielefeld 1
1. Auflage 1991
Satz Wolfgang König-Carl, Siegburg
Herstellung Clausen & Bosse, Leck

DREHBUCH III

TRANSFORMATION
statt
Veränderung

Technologie
der Selbst-Befreiung

RON SMOTHERMON M.D.

CONTEXT VERLAG

Inhalt

Vorwort

Mehr als drei Jahre sind vergangen, seit ich begonnen habe, „Drehbuch für Meisterschaft im Leben“ zu schreiben. In dieser Zeit habe ich fast meine gesamte Energie darauf verwandt, das Buch zu veröffentlichen. Es war für mich ein interessanter und erzieherischer Prozeß, und er stellte eine dem vorangegangenen Schreiben gleich große Aufgabe dar.

Fast von Anfang an haben Freunde und Bekannte darauf gedrungen, ja beinahe insistiert, daß ich wieder schreiben solle. Ich habe dieser Versuchung widerstanden, bis ich sicher sein konnte, daß „Drehbuch für Meisterschaft im Leben“ die Leser, die daran interessiert waren, erreichen und das gewollte Resultat eintreten würde, nämlich die Erfahrung des Befreiten Selbst. Für mich ist dieses Buch vollendet, auch wenn es jetzt erst auf dem Markt erscheint, und seine Zukunft vor sich hat. Das macht mich frei, wieder für Dich zu schreiben. Die Wunder im Leben derer, die „Drehbuch für Meisterschaft im Leben“ gelesen haben, haben mich befreit und erleuchtet, sowohl als Schriftsteller als auch als Mensch. Ich weiß, daß im Leben Wunder geschehen, und daß wir lebendig sein müssen, um sie zu erkennen.

Ich möchte mit Dir die Freude teilen, die ich empfinde, während ich dieses Buch für Dich schreibe, und ich möchte Dich wissen lassen, daß ich eine direkte Erfahrung dadurch habe, daß ich für Dich schreibe. Diese Erfahrung von Dir und mir ist eine Erfahrung, die alle Zeiten überdauert, die Ereignisse, Erinnerung, Vergessenheit und sogar die Zeit selbst transzendiert. Wenn ich für Dich schreibe, wird Deine Göttlichkeit für mich wirklich.

BUCH I

DIE TRANSFORMATION DES SELBST

Dieses Buch handelt von Deiner Transformation, nicht von Deiner Veränderung. Die Transformation ist immer vollständig, d. h., daß es für Dich nichts zu tun gibt. Du kannst nur das transformieren, was schon transformiert ist. Das Selbst ist und war schon immer transformiert. Deshalb ist die Transformation Deines Selbst vollständig, und ein bestimmtes Merkmal Deiner Transformation ist, daß Du sie in die Welt hinausträgst.

Kapitel 1

Transformation

Deine Transformation ist nah.

Das Wort „Transformation“ verwende ich, um zu beschreiben, wovon dieses Buch handelt. An sich ist der Gebrauch des Wortes von seiner ursprünglichen Bedeutung her unkorrekt, weil es sich auf die Umgestaltung einer Form bezieht. Dieses Buch handelt nicht von der Veränderung einer Form, sondern vielmehr von der Veränderung eines Wertes. „Trans-wertung“ ist also das bessere Wort, aber in unserer Sprache gibt es das nicht. Transformation handelt nicht davon, das Leben zu „verbessern“, sondern davon, das Leben lebenswert zu machen. Das beinhaltet die Tatsache, daß das Leben sich verändert.

Jeder Mensch ist seiner eigenen Transformation verpflichtet, ohne Ausnahme. Ich will damit sagen, daß jeder verpflichtet ist, eine Erfahrung mit einem erweiterten Wert seines Lebens zu machen. Einige verstehen, daß das die Umwandlung der Qualität allen Lebens bedeutet, und einige meinen, daß sie nur die Qualität einzelner Leben verändern könnten. Trotzdem war bisher jeder, den ich kennengelernt habe, seiner eigenen Transformation verpflichtet. Manche glauben, daß verbesserte Qualität erhöhte Quantität bedeute, während andere erkennen, daß Qualität und Quantität in verschiedenen Bereichen existieren. Dennoch sind alle der Transformation verpflichtet. Einige glauben, daß Transformation zum Gesetz oder zum Zwang für andere gemacht werden kann, während nur einige wenige wissen, daß sie eine Funktion der Schöpfung und daher weder Zwang noch Gesetzgebung ist. Trotzdem ist jeder, den ich kenne, seiner eigenen Transformation voll und ganz verpflichtet. Um es kurz zu sagen, ist die Suche nach Transformation ein weltweites menschliches Attribut, auch wenn diese Suche bei den meisten Menschen keine Richtung findet.

Wenn man das Wort „Liebe" erwähnt, dann stellt man fest, daß jeder nach einer Definition dafür sucht. Neulich hat mir jemand erzählt, daß Liebe Ehrlichkeit bedeutet, ein anderer sagte, daß Liebe Unterstützung ist und die Bereitschaft, sich unterstützen zu lassen, und wieder ein anderer sagte, Liebe ist die Bereitschaft, anderen zu erlauben, so zu sein, wie sie sind und wie sie nicht sind (d. h., daß es in Ordnung ist, wenn sie sich verändern). Ich gebe zu, daß diese Definitionen zu bestimmten Zeiten kreativ und nützlich sein können; sie sind allerdings irreführend. Irreführend deshalb, weil keine der Definitionen genügt. Liebe existiert auch ohne Ehrlichkeit, Unterstützung und Bereitschaft und ohne jeden anderen Umstand. Das ist so, weil Liebe keine „Sache" ist, und Definitionen gelten für Sachen. Eine Nicht-Sache kann nicht mit Worten beschrieben werden, weil Worte für Dinge stehen. „Transformation" paßt in diese Kategorie: sie ist eine Nicht-Sache. Du kannst eine Sache nicht transformieren, und keine Sache kann Dich transformieren. Transformation existiert auch nicht in der Zeit wie die „Dinge". Man findet sie auch nicht an einem bestimmten Ort. Als Du dieses Buch genommen hast, hast Du wahrscheinlich an Transformation im Sinn von Glück, Freude oder eines Höhepunktes gedacht. Glück, Freude und Höhepunkte gibt es, sie geschehen, und sie sind wunderbar, aber sie sind nicht Transformation. Sie sind Ereignisse, weil sie zu einer bestimmten Zeit geschehen. Transformation ist kein Ereignis, und sie geschieht außerhalb der Zeit.

Wenn Du verstehst, daß Liebe *ist*, daß sie nicht eine benennbare Sache ist, sondern daß sie ganz einfach ist, dann kannst Du Liebe haben, und dann wird Dir klar, daß Du Liebe immer gehabt hast und daß Du Deine Erfahrung von ihr dadurch behindert hast, daß Du nach „ihr" gesucht hast, indem Du aus „ihr" eine Sache oder ein Gefühl gemacht hast. Alles, was Du über Liebe sagen kannst, ist, daß „Liebe ist", und das ist alles, was Du sagen kannst, ohne zu lügen. Genauso offensichtlich ist Transformation, und das ist alles, was Du über sie sagen kannst, ohne zu lügen.

Wenn also Transformation ist, was wird dann transformiert? Sachen können nicht durch eine Nicht-Sache transformiert werden. Nur eine weitere Nicht-Sache kann durch eine Nicht-Sache transformiert werden. Ich nenne diese Nicht-Sache das Selbst, oder das Befreite Selbst, kurz „Selbst". Selbst *ist* Transformation, und man könnte tatsächlich sagen, daß Selbst immer transformiert war, und daß man nur das transformieren kann, was schon transformiert ist.

Das Wort „Selbst" ist sehr brauchbar, weil es Dich mit Deiner wahren Natur in Verbindung bringt. Wer Du bist, hat nichts mit den Begriffen zu tun, die Dinge beschreiben, wie „Körper", „Verstand", „Persönlichkeit", „Ego" usw. Ich bin ganz offensichtlich nicht mehr meine Persönlichkeit, als ich mein linker Fuß bin. Ich könnte ohne beides leben, das leuchtet ein. Es leuchtet nicht ein, daß ich ohne meinen Körper leben könnte. Wir sind so sehr mit unserem Körper identifiziert, daß es uns unmöglich ist, wirklich zu wissen, ob wir ohne unseren Körper überleben. Einige von uns sind derart mit ihrem Auto oder mit ihrem Haus, mit ihrem Gatten oder mit ihren Juwelen identifiziert, daß es uns praktisch unmöglich scheint, ohne all diese Sachen überleben zu können. Wenn ich Dein neues Auto zusammenfahre, dann hast Du das Gefühl, Du seist gerade gestorben, und Du wirst irgend etwas unternehmen, um mir das Gefühl zu geben, daß ich gerade gestorben sei. Wir kleben an den „Dingen“ mit unserem Verstand. Die Überzeugung, daß unser Verstand das Selbst ist, läßt uns hinter dem Glück herjagen, statt es zu haben. Transformation verändert das von Grund auf. Erinnere Dich, daß Transformation ist, was jedoch nicht heißt, daß Du mit ihr in Kontakt bist. Der Zweck dieses Buches ist, Dich mit Deiner Transformation in Kontakt zu bringen.

Ich benutze gern das Bild des Blitzes für die Darstellung von Transformation. Ein Blitz wird durch den Photographen und seine Kamera in der Zeit eingefroren, und genauso wird Transformation außerhalb der Zeit eingefroren, für alle Zeit, durch das Selbst. So, wie der Blitz eine Erleuchtung ist, so ist es auch die Transformation. Wenn Du Augen hast, dann sieh. Wenn Du Ohren hast, dann höre. Deine Transformation ist nah.

Kapitel 2

Eine Mythologie der Anfänge

„Ich werde ihnen das lausige Beispiel eines Menschen schicken."

Dies ist die Geschichte über Dich, bevor Du geboren, bevor Du empfangen wurdest und bevor Deine Mutter und Dein Vater überhaupt an Dich gedacht oder einander gar gekannt hätten. Die Geschichte handelt von Dir, nachdem Dein Körper den Kampf zu überleben aufgegeben haben wird, und die Teilchen Deiner Physis wieder mit dem Universum eins geworden sein werden. Es ist die Geschichte über Dich genau jetzt in diesem Moment, die Geschichte über Deine Vergangenheit und über Deine Zukunft. Es ist die Geschichte über die Zeit in Deinem Leben und darüber, die Zeit in ihrem linearen Ablauf der Ereignisse zu überwinden.

Laß mich Dir zu Beginn eine Geschichte erzählen, eine Metapher, einen Mythos. Am Anfang war Selbst und Selbst war eins mit dem Universum, und Selbst war das Universum, und es war alles zur selben Zeit. Selbst begann sich mehr und mehr dafür zu interessieren, und es bereitete „Ihm" zunehmend Spaß, ein bißchen Ärger zu machen, und in genau diesem Moment entstand das erste lebende Molekül. Selbst besetzte die Zeit, indem „Es" Moleküle neu ordnete, und damit amüsierte Selbst sich für Abermillionen von Jahren. Selbst bekam Spaß und Interesse daran, noch mehr Ärger zu verursachen, und die Evolution begann. Sehr zu Selbsts Verwunderung brachte die Evolution Lebewesen hervor, die interessiert und enthusiastisch waren, und deren Interesse und Enthusiasmus sich darauf konzentrierte, Ärger zu machen. Irgendwann begannen diese Lebewesen, frei miteinander zu kommunizieren, und Selbst beobachtete dies mit großem Interesse und Enthusiasmus.

Als Selbst beobachtete, erkannte „Es" sich plötzlich in jedem einzelnen Lebewesen, und „Es" sagte: „Ich werde eine Kreatur erschaffen, die wahrlich fähig ist zu Interesse, Begeisterung und Ärger-Machen." Die Evolution beschleunigte sich. Aus dem Nichts entstanden Mann und Frau. Selbst besah sich die vielen, vollständigen Repräsentationen „Seiner" selbst, und „Ihm" wurde das Potential für Ärger bewußt. „Ich habe einen schrecklichen Fehler gemacht", dachte „Es", und „Es" versuchte, mit „Seinen" individuellen Kohlenstoffatomen in Verbindung zu treten, um „Seinen" Fehler zu korrigieren. Sie aber mißverstanden „Es" nur, und irgendwann gab „Es" auf, und in „Seiner" Weisheit begrub „Es" „Seinen" Fehler. *„Es" wurde der Fehler und lebte in jedem Individuum fort.* Die Zivilisation entwickelte sich fortan rapide.

Das nächste Spiel von Selbst war, Sich selbst zu entdecken und zu erfahren, wie „Es" vor der Zeit war, und all der Ärger begann. Um das Spiel noch interessanter zu gestalten, erzählte „Es" niemandem davon. „Laß sie raten", dachte „Es", während „Es" sich noch mehr in jedem einzelnen festsetzte, und „Seine" Gedanken vermischten sich mit den Gedanken „Seiner" Geschöpfe. „Laß das Leben ein Spiel sein, in dem die Regel besagt, daß es kein Spiel ist", sagte „Es". So geschah es. „Laß einige die Verfolger sein und andere die Verfolgten", dachte „Es", und so sollte es sein. „Einige werden die Helfenden in dieser Unordnung sein, und andere die, denen geholfen wird", und so geschah es. „Laß Krieg, Hunger und Töten sein, Lieben und Hassen und große Seuchen, die es zu überwinden gilt“, und es war so. „Laß das Ziel des Spieles sein, aus diesem Durcheinander wieder heraus zu finden, und ich werde ihnen das lausige Beispiel eines Menschen schicken, um sie zu quälen. Laß das Spiel beginnen.“ Das Spiel begann in einer gigantischen Orchestrierung. Das ist Deine Geschichte. Du bist dieses lausige Beispiel eines Menschen. Selbst erschuf Selbst.

Kapitel 3

Geh hinaus in die Welt

Selbst sandte Dich in die Welt der Zeit aus. „Es" wurde Du, und Du warst perfekt.

Als das Befreite Selbst sagte: „Ich werde ihnen das lausige Beispiel eines Menschen schicken, um sie zu quälen", war das Dein Anfang. Es war Dein vor-biologischer Anfang. Du warst ein noch formloser Gedanke. Selbst sandte Dich in die Welt aus, um „Es" zu repräsentieren. Ein formloser Gedanke wurde Form, und er wurde Körper und Geist. Damit das so geschehen konnte, wählte Selbst zwei menschliche Wesen, die einander wählen konnten, und segnete sie mit Körpern, daß sie sich vermehren sollten. Ihre Zellen verschmolzen miteinander, und Dein Körper ist das Ergebnis — eine Kohlenstoffeinheit, die anders ist als alle anderen. In den ersten Monaten hat Selbst Dich in einen Komfort gebettet, der dem entsprach, den das Befreite Selbst kannte, dann aber wurdest Du auf äußerst traumatische Weise aus dem Leib hinausgestoßen. Du hattest dadurch die Möglichkeit gewonnen, dieses lausige Beispiel eines Menschen zu werden. Deine erste Schranke (ohne die es das Spiel nicht gäbe) war Dein körperliches Unbehagen darüber, daß Du einen Körper hast und geboren wurdest.

Der Schmerz aber war nicht so schlimm in diesen frühen Jahren, weil Du nur angemessen essen mußtest, um Dich wohl zu fühlen. Und nicht nur das, Du hattest auch noch spezielle Erwachsene um Dich herum, die es als ihre Lebensaufgabe sahen, es Dir gut gehen zu lassen, und in diesen Tagen wußtest Du um Deine Herrlichkeit. Du warst natürlicherweise enthusiastisch und interessiert am Leben. Es war Dir möglich, jedweden Gedanken zu kreieren und jedes Wunder zu zaubern, und Du hast beides getan, ohne Unterlaß. Du ließest Dein tägliches Leben durch Magie geschehen. Durch Magie wurdest Du gefüttert, durch Magie konntest Du sehen und hören. Durch Magie hast Du geschlafen, und durch Magie bist Du wieder aufgewacht. Durch Magie wurdest Du geliebt, und durch Magie hast Du andere geliebt. In dieser Zeit gab es nichts Unnatürliches: es gab keine Falschheit und keinen Haß, und es gab keine Depression. Das Leben war der Traum, und Du warst dessen Träumer. Und es gefiel „Ihm", weil Selbst in Dir dieses eine lausige Beispiel eines Menschen erkannte.

Das Spiel ging weiter in der Zeit, d. h., es gab einen Anfang, eine Mitte und ein Ende in bezug auf andere Anfänge, Mitten und Enden. So setzte Dich Selbst, das außerhalb der Illusion von Zeit ist, in die Welt der Zeit hinaus, als ein Beispiel. „Es" wurde Du, und Du warst perfekt.

Kapitel 4

Mittendrin

Du hast geglaubt, und durch Deinen Glauben hast Du Deine natürliche Anmut verloren.

Bevor Du als ein Individuum in der Welt angekommen bist, warst Du schon in der Welt, wie viele andere Millionen Individuen auch. Du hattest eine Welt erschaffen, die Dich empfangen würde und in der Du Dein Lebensspiel unter schweren Bedingungen und Umständen würdest spielen können. Du hast Dir über die Jahrtausende eine Welt bereitet, in der es nicht nur Krieg und Mord gibt, sondern in der geglaubt wird, daß Krieg und Mord durch noch mehr Krieg und noch mehr Mord zu verhindern seien. Du hast eine Welt erschaffen, die einen völligen Überfluß an Nahrung hat und in der eine unglaubliche Zahl von Menschen verhungern. Du hast Dir einen Platz geschaffen, an dem Dein eigener Gewinn nur durch den Verlust eines anderen erzielt wird. Um das Spiel unendlich kompliziert zu gestalten, hast Du Deine Verantwortung, all das genaus so geschaffen zu haben, geleugnet. Du hast Dich selbst an den Fuß der Leiter gesetzt, Du hast die Welt so vorgefunden und wurdest so ihr Opfer.

Die Herausforderung war total, und Du bewegtest Dich vom Anfang des Lebens hin zu seiner Mitte. Die Veränderung geschah, als Du Deine Erfahrung des magischen Lebens hinter Dir ließest, um der Erklärung eines anderen zu folgen. Du hast ihm geglaubt, und dadurch hast Du Deine natürliche Anmut verloren. Selbst sah weiterhin in Dir dieses lausige Beispiel für die Welt, auch als Du schon Dein Wer-Du-Bist aufgegeben hattest und anfingst, Deine Überzeugungen zu glauben. Du hast Dich selbst ausverkauft.

Du glaubtest: „Leiden ist unvermeidlich.“ Du glaubtest: „Ich muß meine Eltern lieben.“ Du glaubtest: „Es ist falsch, das zu denken, was ich denke.“ Du glaubtest: „Es gibt hier bestimmte Regeln, und wenn ich die erst alle durchschaue, dann wird alles gut.“ Du glaubtest: „Sie sind hier schon länger als ich, sie werden die Regeln schon kennen.“ Du glaubtest: „Für alles gibt es eine rationale Erklärung.“ Du glaubtest: „Ich habe in allem recht.“ Du glaubtest: „Ich muß mich verstellen, um durch die Welt zu kommen.“ Und so weiter. Du hast Deine magische Erfahrung des Lebens aufgegeben und begonnen zu glauben. Jetzt glaubst Du, anstatt zu sein.

Nachdem Du Deine Fähigkeit aufgegeben hattest, alles ohne Anstrengungen zu erreichen und Deinen natürlichen Sinn für Befriedigung zu haben, ging das Spiel nun darum, zu prüfen, ob Du in der Lage bist, durch das Leben zu kommen und dabei einen gewissen Grad an Befriedigung zu erlangen. Hier nun ist die Mitte des Spieles. Willkommen in der Mitte. Willkommen zu der Herausforderung, indem Du Deine Welt und Deine Anpassung an Deine Welt geschaffen hast.

Kapitel 5

Das Widerstand-Spiel

Das, was wir Leben nennen, ist das Spiel, uns zu wünschen, daß das, was ist, und das, was nicht ist, die Plätze tauschen mögen.

Nachdem ich vom Anfang und von der Mitte gesprochen habe, spreche ich der Vollständigkeit halber auch vom Ende des Spieles. Der Tod oder das Ende des Spieles hat die Menschen schon immer beschäftigt. In der aktuellen Literatur zu diesem Thema wird die Meinung vertreten, daß im Moment des Todes der Geist den Körper verläßt und (je nachdem, wer es geschrieben hat) unwiderruflich eine Entdeckungsreise antritt in Richtung Himmel, Hölle oder Wiedergeburt. Offensichtlich ist noch keiner dieser Schriftsteller gestorben und wiedergekehrt, um von seinen Erfahrungen zu sprechen. Von denen, die angeblich schon einmal tot waren, ist nicht bekannt, daß der Hirntod eingetreten wäre, und wir haben, soweit ich informiert bin, vom wissenschaftlichen Stand der Dinge her so gut wie keine Erkenntnisse darüber, ob und wenn welche Erfahrungen jemand hat, bei dem der Hirntod bereits eingetreten ist. Es ist wichtig zu verstehen, daß intrazelluläre, chemische Prozesse stattfinden, nachdem ein äußerliches Zell-Leben nicht mehr beobachtet werden kann.

Ich also werde über den Tod in einer verantwortlichen Art sprechen. Ich werde nicht davon ausgehen, daß etwas wahr ist, für das es keinen wissenschaftlichen oder persönlich erlebten Beweis gibt. Ich will sehen, ob wir eine

Möglichkeit haben, das Ende des Spieles so zu betrachten, daß es wahr ist und das Spiel in der Gegenwart unterstützt.

Für die Betrachtung von Materie gibt es zwei Möglichkeiten. Die eine betrifft die Unterscheidung von lebendig und nicht-lebendig. Das setzt voraus, daß eine Materie, wie zum Beispiel Dein Körper, eine bestimmte Qualität besitzt, die eine andere Materie, wie zum Beispiel ein Stein, nicht besitzt. Man kann sagen, daß Materie durch die Qualität physischer Existenz definiert wird. Dein Körper und ein Stein teilen diese Qualität. Wir gehen davon aus, daß sich Dein Körper von einem Stein dadurch unterscheidet, daß ersterer die Fähigkeit hat, zu handeln. Nachdem wir die Natur atomarer Strukturen sondiert hatten, haben wir entdeckt, daß Materie sowohl denkt als auch handelt, und daß auf der Ebene des Atoms alle Materie lebt. Es gibt also keine nicht-lebende Materie! Nur die Art des Ausdruckes im Denken und im Handeln unterscheidet Deinen Körper von einem Stein. Die Materie selbst lebt. Das ist der andere Weg, Materie zu betrachten.

Daraus ergibt sich die Frage, was das „Leben" unseres Verstandes/Körpers vom „Leben" eines Steines unterscheidet. So wie ich es verstehe, liegt der einzig substantielle Unterschied darin, daß der Verstand (inklusive Körper) „hofft", daß die physikalische Anordnung der Atome sich nicht ändern möge, während ein Stein das nicht „hofft". Der Stein „akzeptiert" die Unvermeidbarkeit der Veränderung, und der Verstand tut das nicht. Das ist der einzige Unterschied. Einen anderen, grundlegenden Unterschied gibt es nicht. Der Geist ist also eine Widerstand-Maschine, deren Aufgabe es ist, der Unvermeidbarkeit von Veränderung zu widerstehen.

Ein Großteil dessen, was wir gerne bewahren möchten, das, was wir „Bewußtsein" nennen, ist in der Tat nichts anderes als unser Widerstand gegen die Gesetze der Natur. Ein Stein macht sich keine Sorgen um den Tod. Die Menschen tun es. Menschliche Wesen sind also physikalische Einheiten, die ein Widerstand-Spiel erfunden haben, dessen eine Regel besagt, daß das Spiel kein Spiel ist, und dessen andere Regel fordert, daß man hofft, die unwiderrufliche Veränderung der Form möge nicht unwiderruflich sein, d. h. zu wünschen, daß sein soll, was nicht ist. Das ist der Motor des „Lebens", so, wie wir es definieren.

Was also geschieht mit dem „Tod"? Das Spiel endet. Das ist es, und das ist alles, soweit wir wissen. Alles andere bleibt Spekulation.

Wie verhält es sich nun mit dem Befreiten Selbst? Vielleicht dachtest Du, „Es" sei ein menschliches Wesen. Die meisten Menschen scheinen das zu denken. Dieser Gedanke ist nur ein Teil des Widerstand-Spieles, das wir „Leben" nennen. Befreites Selbst ist Leben im weitesten Sinne des Begriffes, nicht innerhalb der engen Vorstellung, die Du davon hast. Selbst beseelt genauso gern einen Stein, wie „Es" Dich in Deinem Widerstand-Überleben-Spiel beseelt. Du wünscht es Dir nur anders. In dem Moment, in dem das Spiel endet, beginnt daher wieder seine Vervollständigung, und Selbst steht wieder am Anfang. Du bist so. Du bist nicht das Du, von dem Du denkst, daß Du es bist. Für dieses Du endet das Widerstand-Spiel. Für das Du aber, das Gedanken, Hoffnungen, Überzeugungen, Widerstand und alle anderen Nicht-Du-Dinge transzendiert, für dieses Du hat das Leben mit dem Tod des Verstandes begonnen, hat immer gerade jetzt begonnen, ist immer vollständig und endet immer in dem Moment, in dem es beginnt und unvollständig ist. In diesem Reich gibt es keinen Widerstand und keinen Schmerz. Wußtest Du, daß Steine keine Schmerzen haben, und daß sie den Dingen, wie sie sind, nicht widerstehen?

Ich weiß, daß Du das nicht verstehst. Ich verstehe es auch nicht, und ich weiß es, und Du weißt es auch. Das „Verstehen“ ist der Trostpreis im Leben. Wenn Du das, was ich Dir gerade erzählt habe, verstehen würdest, dann wäre alles hoffnungslos für Dich, weil Du dann glauben würdest, daß Du weißt, und mit diesem Glauben wärest Du doppelt verdammt. Gerade, weil Du es nicht verstehst, hast Du eine Chance für das „Wissen“ und dafür, daß Du um Dein „Wissen“ weißt.

Kapitel 6

Schlangengift

Was besitzt ein Mensch, der die ganze Welt gewinnt und dabei seine Seele verliert?

Du wirst fragen, warum Du Dich mit all diesen Dingen herumschlagen sollst. Warum sollst Du versuchen, etwas zu wissen, was man dem Anschein nach nicht wissen kann? Ist es nicht genug, daß Du lebst, von Tag zu Tag, und daß Du sichergehst, daß Du in ausreichendem Maße ernährt, gekleidet, geliebt usw. wirst? Nein, das ist nicht genug. Dein Leben hängt vom Grad der Meisterschaft ab, die Du in diesen Dingen erreichen kannst. In dem Maß, in dem Du nicht wissen willst und unsicher bleibst, bist Du tot. Wenn Du nicht wissen willst, und wenn Du absolut unsicher bist, dann wirst Du für Dich eine endgültige Krankheit oder einen Unfall erschaffen, und Du wirst sterben. Wenn Du nur einen Teil wissen willst, dann wirst Du einen gewissen Grad von Tod erfahren. Dein Leben hängt von Deinem Wissen über Leben ab — nicht von Deinem Verstehen, sondern von Deinem Wissen.

Vor einigen Jahren hat jemand ein Buch geschrieben, das dem Leser Techniken aufzeigt, die ihm zum Erfolg verhelfen, und das deutlich macht, daß jeder absolut verantwortlich für den Grad seines gewünschten Erfolges ist. Das Buch war unglaublich erfolgreich. Es erreichte Rekordauflagen, und die Leute schätzten es sehr. Das heißt, das Buch erreichte sein Ziel. Gleichzeitig jedoch versagte es in anderer Hinsicht. Es konzentrierte sich ausschließlich auf den Erfolg. Der Autor verlor dabei die Qualitäten aus den Augen, für die es sich überhaupt nur lohnt, erfolgreich zu sein, Qualitäten, ohne die Geld wertlos wird. Es hat den Wert von „Schlangengift“, wie die Iraner sagen, das heißt, weniger als nichts. Die Annäherung an Befriedigung im Leben geleitet Dich durch die Tore zum Spiel des Lebens, sie erzählt Dir jedoch nichts über die Regeln des Lebens. Während Du also erfolgreich bist, gewinnst Du das Verlierer-Spiel; diese Philosophie ist nicht falsch, sie ist nur unvollständig. „Drehbuch für Meisterschaft im Leben“ wurde als Vervollständigung dieser Regeln des Erfolges geschrieben.

Im Extremfall ist der Zweck, für den Du und ich das Reich der menschlichen Erfahrung betreten, die Verhinderung des physischen Todes, das heißt, die Verhinderung Deiner vorzeitigen Selbsttötung. Im Normalfall ist der Zweck die Vervollständigung, das heißt, ein Leben zu führen, das für Dich und die, die um Dich sind, erfüllt ist. Einmal hat jemand gefragt: „Was besitzt ein Mensch, der die ganze Welt gewinnt und dabei seine Seele verliert?“ Einmal angenommen, Du würdest all deine großen Ziele ohne einen Kontext oder ohne ein Selbst erreichen, dann könntest Du genauso gut in diesem Moment sterben — das wäre der Wert von Schlangengift! Wir verfolgen unsere Ziele, weil wir keinen Sinn für das Selbst haben, dafür, wer wir sind. Wir hoffen, daß das Erreichen der großartigen Ziele uns irgendeine Vorstellung davon geben könnte, wer wir sind, aber wir müssen wissen, daß Qualität und Quantität in verschiedenen Reichen existieren.

Kapitel 7

Erfolg

Hast Du nicht gemerkt, daß es nicht reicht, erfolgreich zu sein?

In diesem Kapitel möchte ich die Regeln aufzählen, die für das Erreichen von „Erfolg" gelten. Die Regeln sind nicht kompliziert. Sie sind schnell aufgezählt. Du und ich, wir wurden direkt und anhand von Beispielen gelehrt, diese Regeln „nicht zu kennen" und dafür an andere Regeln „zu glauben", die zwar zum Mißerfolg führen, uns jedoch dafür in unserem Versagen rechtfertigen. Obwohl die Regeln einfach sind, hast Du in Deinem Verstand hohe Barrieren gegen deren Wahrheit und Erleben errichtet.

Der Einfachheit halber zähle ich die Regeln nacheinander auf. Du solltest sie Dir oft anschauen, zum einen, weil Du jetzt an etwas glaubst, was nicht funktioniert, und zum anderen, weil Du Erfolg haben mußt, wenn Du Dein Leben wirklich meistern willst.

1. Sei ein Beitragender. Das ist jemand, der/die, wenn er/sie tut, was er/sie tut, etwas beiträgt. Sei mehr als nur ein Überlebender, der eines Tages etwas beitragen könnte. Ein Überlebender zu sein ist Schlangengift wert, d. h., weniger wert als nichts.
2. Wenn Du etwas beiträgst, erlaube Deinem Beitrag, Dich überleben zu lassen. Wenn Du wahrhaft beiträgst, wirst Du die Möglichkeit haben, wirklich erfolgreich zu sein. Weiche unter diesen Umständen

dem Reichtum nicht aus. Du verdienst ihn. Du darfst ihn haben, ohne Schuld und ohne Scham. Erfreue Dich seiner. Er bestätigt Deinen Beitrag.

3. Setze Dir immer Ziele, sowohl kurz- als auch langfristig. Tue immer das Nötige, um Deine Ziele zu erreichen. Setze Dir niemals ein Ziel, das Du nicht erreichen willst, weil Du dieses sonst dazu nutzen könntest, Dich selbst zu erniedrigen.
4. Sieh alle Mißerfolge als Erfolge an. Jeder Mißerfolg beinhaltet die Möglichkeit, Dich mit aller Kraft vorwärts zu Deinem nächsten Erfolg zu treiben. Wenn Du auf dem Weg dahin Entmutigung erfährst, dann nimm das an als einen Teil des Prozesses, das Spiel zu gewinnen.
5. Halte immer deine Vereinbarungen ein. Sieh das Halten Deiner Vereinbarungen nicht als ein lohnendes Ziel. Sei vertrauenswürdig, so daß, wenn Du sagst, daß eine bestimmte Sache so sein wird, diese so sein wird. Sei immer da, wo Du gesagt hast, daß Du sein wirst. Zahle immer Deine Schulden, wenn Du gesagt hast, daß Du sie zahlen wirst.
6. Lüge niemals.
7. Sage aktiv die Wahrheit.
8. Halte andere in ihrer Beziehung zu Dir verantwortlich. Unterstütze nie jemanden, der unter seinem Niveau lebt. Wenn er es tut, konfrontiere ihn damit, denn Dein Schweigen über das Resultat bedeutet Unterstützung für ihn, auf dem niederen Niveau zu leben. Versichere Dich, daß andere ihre Vereinbarungen mit Dir einhalten, weil Du auch dafür Verantwortung hast.
9. Befähige andere, Erfolg zu haben.

Wenn Du nach diesen Regeln lebst, wirst Du Erfolg haben. Ich verspreche und garantiere es persönlich. Du wirst nicht nur enormen materiellen Reichtum erlangen, sondern darüber hinaus die Bewunderung und den Respekt anderer Menschen bekommen. Genau darin liegt auch eine Gefahr, denn wenn Du dem Erfolg begegnest, könntest Du denken, das Spiel sei vorbei, und Du könntest Dich zur Ruhe setzen. Das Spiel ist nicht und niemals vorbei — es ist nur vollständig. Wenn etwas vollständig ist, dann hat es gerade erst begonnen. Du bist dem Zweck Deines Lebens gleichzeitig so fern und so nah, wie Du immer warst. Das Spiel ist vorbei, wenn Du stirbst, und es ist auch dann nur scheinbar vorbei. Daher gilt eine letzte Regel:

10. Erschaffe das Spiel neu, wenn Du an Deinen Zielen angelangt bist. Verlasse es niemals. Setz Dich niemals zur Ruhe. Sich zur Ruhe setzen ist Schlangengift wert. Das Aufregende im Leben ist nicht das Erreichen der Ziele, es ist das Setzen neuer Ziele und das Streben danach. Wenn Du Deine Ziele erreicht hast, dann setze sofort neue. Ruhe Dich nie auf Deinen Lorbeeren aus. Die Ziele definieren das Spiel, damit Du weißt, wann Du gewonnen hast. Zu gewinnen ist nicht der Zweck. Der Zweck ist, das Spiel zu spielen.

Das ist alles über den Erfolg. Es ist ziemlich einfaches Zeug. Es gibt keinen Grund, ein ganzes Buch darüber zu schreiben. Es ist geschrieben worden, und ich gehe davon aus, daß Du erkennst, daß es nicht ausreicht. War Dir nicht aufgefallen, daß es nicht ausreicht, Erfolg zu haben? Wenn nicht, dann solltest Du einmal im ganz großen Stil Erfolg haben, damit Du vollständig erfahren kannst, daß es nicht ausreicht. Es ist wichtig, Erfolg zu haben, aber das ist nur der Anfang; es ist ein nötiger Anfang, aber nur ein Anfang.

Kapitel 8

Das Befreite Selbst

Die Erkenntnis Deines Selbst als „erleuchtet" befreit Dich und vervollständigt Deinen Erfolg, der für sich ungenügend ist.

Kürzlich schickte mir jemand ein religiöses Pamphlet, in dem Kapitel und Verse aus der Bibel zitiert wurden, die sich auf das Wissen bezogen, wann man mit den Worten Gottes redet und wann mit dem eigenen Verstand. Offensichtlich war das die Reaktion dieses Menschen auf „Drehbuch für Meisterschaft im Leben", und offensichtlich erkannte er das, was ich geschrieben hatte, als das weitergegebene Wort Gottes. Nichts könnte von der Wahrheit weiter entfernt sein. In meinen Augen kommt dieses Material nicht von Gott, andererseits ist es auch nicht meinem Verstand entsprungen.

Ich habe oft erfahren, wie wichtig es ist, Begriffe genau zu definieren, obwohl ich bisweilen selbst dann noch von Leuten mit vorgefertigten Meinungen mißverstanden wurde und werde. Der Begriff „Selbst" also meint: Identität, Charakter oder essentielle Qualität einer Person oder Sache; „befreit" beschreibt diese Qualität. Das Befreite Selbst ist effektiv, es ist Deine Essenz, d. h., es ist, was Du bist.

Selbst denkt kreativ. Der Verstand reagiert mit der Registrierung von Gedanken. Selbst fügt dem Leben Qualität hinzu. Der Verstand berechnet die Quantitäten im Leben.

Ich setze voraus, daß Du verstehst, daß Erfolg (Quantität) nicht genug ist im Leben. Wenn er ausreichen würde, dann hättest Du Deine Karten beiseite gelegt und wärst längst aus dem Spiel ausgestiegen, nachdem Du Deinen ersten Erfolg hattest. Wie ich im letzten Kapitel beschrieben habe, kommt die Freude durch das Spielen des Spieles, nicht durch den Spielgewinn, obwohl letzterer das Ziel ist. Es stellt sich daher die Frage: „Wie kann man sich selbst befähigen, ein Spiel zu spielen, dessen Ziel es ist, Erfolg zu haben, in dem es jedoch mehr Freude bereitet, zu spielen, als das Ziel zu erreichen?" Um noch deutlicher zu fragen: „Welche Eltern würden ihre Kinder lehren, nur zu spielen, ohne zu gewinnen?" Es ist an jedem einzelnen von uns, hinauszugehen und zu entdekken, wer wir sind, und mit dieser Entdeckung den anderen die Regeln, nach denen die Welt funktioniert, zu enthüllen.

Das Befreite Selbst hat folgende Eigenschaften, d. h., Du wirst durch das folgende charakterisiert:

1. Kein physischer Körper, das heißt, nicht an einer bestimmten Stelle existent *und* an allen Plätzen gleichwertig und gleichzeitig.
2. Zeitlos und dadurch unveränderbar im Angesicht der konstanten, unbarmherzigen Veränderung.
3. Nicht verstehbar, kann nur erschaffen werden, elementar unbeweisbar für den Verstand.
4. Nicht urteilend, ohne Sinn für „richtig" und für „falsch".
5. Perfekt in jeder Hinsicht.
6. Hat die Macht, Fehler zu vergeben.
7. Hat die Macht, zu erschaffen und zu zerstören.
8. Spielt das Spiel des Lebens mit der Behauptung, daß es kein Spiel sei.

9. Spinnt gerne Intrigen, indem es Wissen vor sich selbst verbirgt: gibt vor, nicht zu wissen, so daß Lernen notwendig wird.
10. Liebt absolut und perfekt und zu jeder Zeit, und versteckt das gern, um Intrigen zu spinnen.
11. Einheit, d. h., es gibt nur ein Befreites Selbst, das allen Menschen zugänglich ist, Raum und Zeit transzendierend.
12. Die Quelle allen Wissens.

Die Erkenntnis Deines Selbst als befreit erleuchtet Dich und vervollständigt Deinen Erfolg, der für sich ungenügend ist.

Kapitel 9

Befreiung

Du bist frei. Wenn Du es zuläßt, dann hast Du eine Wahl.

Die Erkenntnis, daß Dein Selbst befreit ist, befreit Dich. Wovon befreit sie Dich? Sie befreit Dich von dem / der, von dem / der Du denkst, daß Du er / sie bist, von dem / der man Dich gelehrt hat, daß Du er / sie bist. Sie befreit Dich von Verhaltensmustern, die Du schon lange als einen Teil Deiner selbst akzeptiert hattest. Sie befreit Dich vom Glauben als einem Akt der Notwendigkeit. Sie läßt Dir die Wahl für Deine Überzeugungen. Sie befreit Dich von der Vergangenheit und von der Zukunft. Sie versetzt Dich in die Gegenwart. Sie befreit Dich vom Versagen, weil sie das Versagen in einen neuen Zusammenhang stellt als etwas, das Dich auf den nächsten Durchbruch im Leben vorbereitet. Sie offenbart Dir die Wahrheit über Dein Versagen. Die Erkenntnis Deines Selbst als befreit transformiert Deine Erfahrung von Leben, und Du weißt, daß Du nicht der / die bist, der / die Du zu sein geglaubt hattest.

Es gibt eine Neigung, die begrenzte Person zu sein, die Du glaubst zu sein. Diese Neigung heißt „Rechtschaffenheit". Wenn Du Dein Leben damit verbracht hast, zu sagen, Du seist grün, und jemand darauf hinweist, daß Du blau sein könntest, dann wirst Du grün mit Deinem Leben verteidigen, selbst dann, wenn Du in Deinem Herzen weißt, daß Du blau bist. Du willst nicht, daß Dein Leben als grüne Person wertlos, ein Fehler, eine Fehlkalkulation oder gar unnötig wird. Wenn ich Dir sage, daß Du Deinen Vater liebst, nachdem Du jahrelang gedacht hattest, ihn zu hassen, dann würdest Du Deinen Standpunkt mit allem Nachdruck verteidigen, selbst nachdem Du erkannt hast, daß Du ihn liebst. Wenn ich Dir sage, daß Du extrem intelligent bist, Du Dein Leben jedoch damit verbracht hast, das Gegenteil zu beweisen, dann wirst Du Deinen Standpunkt sofort ändern, nur um nicht als unintelligent dazustehen.

Das begrenzte Selbst, von dem Du denkst, daß Du es bist, ist zäh. Es will vor allen Dingen immer recht behalten, besonders in bezug auf das Bild seiner selbst. Ich weiß also, daß Du nicht einfach so, aber doch irgendwann aufgeben wirst, weil die einmal gesagte Wahrheit eine erstaunliche Macht zur Transformation hat. Jemand hat einmal gesagt: „Ihr werdet die Wahrheit wissen, und die Wahrheit wird Euch befreien." Dieser Jemand hat allerdings nicht gesagt, daß die Wahrheit Dich ärgern wird, und auch nicht, daß Du transformiert sein wirst, wenn Du einmal die Wahrheit erfahren hast. Es ist ein Prozeß, der Dich transformieren wird. Wann dieser Prozeß abgeschlossen sein wird, hängt von der Kraft Deiner Intention ab.

Es ist unwesentlich, wann Du befreit oder transformiert sein wirst, weil Du schon transformiert bist. Dich selbst für eine beschränkte Person zu halten und Dich danach zu verhalten, ist Dein Spiel. Selbst spielt es zum Spaß. Aus der Tiefe Deines Herzens weißt Du das. Es liegt bei Dir, wann Du es anerkennst.

BUCH II

INTEGRITÄTSGRADE

Integrität bezeichnet den Zustand, identisch und ganz zu sein. Wir werden mit Integrität in eine Welt hineingeboren, in der es wenig Integrität gibt. Um in dieser Welt zu überleben, muß man zumindest für einen gewissen Zeitraum seine natürliche Integrität aufgeben. Die Integrität wieder zu erlangen, bedeutet, das Selbst wieder zu erlangen. Das ist der Ausdruck von Transformation.

Der Grad Deiner Integrität verändert grundlegend Deine Umstände und Deine Erfahrung dieser Umstände.

Kapitel 1

Der Verlust der Anmut

Der Verlust der natürlichen Anmut ist unvermeidbar. Es bleibt die Frage: Wirst Du wieder hinaufsteigen?

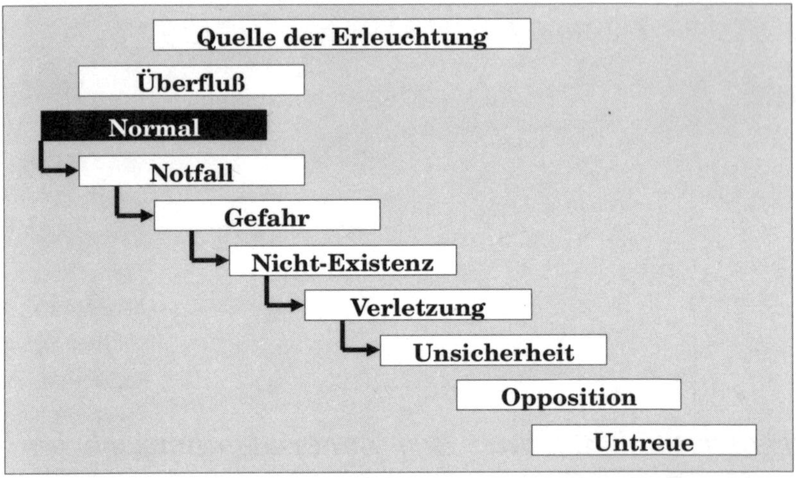

Unglück ist ein unnatürlicher Zustand. Nicht voller Freude zu sein, ist ein minderwertiger Zustand, den Du in Deinen jungen Jahren übernommen hast, um Deinen Weg mit anderen zu machen. Wenn Du auf eine Neugeborenen-Station (irgendeines Krankenhauses) gehst, dann wird Dir auffallen, daß ein Neugeborenes, vorausgesetzt, daß es keinen körperlichen Schmerz (Hunger, Kälte) empfindet, Dir mit einem Ausdruck der Freude, des Enthusiasmus, des Interesses und der Neugierde begegnet. Dieser Zustand heißt „Normal". Er soll Dich an die Zeit erinnern, bevor Du Deine negativen Gefühle erschaffen hast, um an-

dere zu manipulieren. Du wurdest in „Normal" hineingeboren.

In der Welt, in der Du lebst, gibt es ein Problem mit der Existenz in Deinem natürlichen Zustand („Normal"). Das Problem ist, daß niemand Dich bemerkt; sollte Dich allerdings jemand bemerken, dann würde er denken, Du bist unnormal. Versuch einmal, voller Freude, Enthusiasmus, Interesse und Neugier zu sein, ob auf der Straße oder im Bus. Wenn Du dann wirklich Du selbst bist, wird man Dich vielleicht einsperren. Zumindest aber würde niemand mit Dir reden. Du gehst Deinen Weg, wenn Du in „Normal" bist, aber als Kind und abhängig von anderen in der Erfüllung Deiner grundlegenden Bedürfnisse, kann das ein wirkliches Problem werden. Wenn einem Kind die grundlegenden Bedürfnisse — Luft, Nahrung und Liebe — entzogen werden, dann fällt das Kind in den nächstniedrigen Zustand, in den „Notfall".

In „Notfall" weint es und spuckt und so weiter. Der Erwachsene soll dazu gebracht werden, die grundlegenden Bedürfnisse zu erfüllen. Das ist der erste Hinweis auf „Unglück" in einem Menschen. *Der grundlegende Zweck von Unglück ist die Manipulation anderer.* Die meisten menschlichen Gefühle haben diesen Zweck: der andere soll überredet werden, uns etwas zu geben. Das, was das Kind am Anfang des Lebens will, ist grundlegend für das Leben selbst. Später ist das nicht mehr so. Für das Kind funktioniert „Notfall" so perfekt, daß es hierbei lernt, daß es praktisch alles bekommen kann, wenn es sich nur unglücklich verhält. Anfangs ist das noch wirklich ein Akt, aber im Laufe der Jahre wird dieser Akt so eingeübt, daß der Schauspieler oder die Schauspielerin beginnt, ihn als wirklich zu erfahren. Die Gefühle bemächtigen sich der Person des Schauspielers — das Selbst verliert die Anmut. Wer-Du-Bist ist entmachtet zum Zweck der Manipulation anderer, um das zu bekommen, was Dein Verstand will.

Nachdem einige Jahre vergangen sind und der Akt oder der Verstand beginnt, sich des Selbst zu bemächtigen, vergißt das Selbst seinen Zustand der natürlichen Anmut oder Erleuchtung. Wenn der Akt zur Wirklichkeit gerät für den Menschen, ist er in „Gefahr". Die spielerische Leichtigkeit im Zustand von „Notfall" ist vorbei. Das Spiel ist ernst geworden, weil es jetzt wirklich erscheint. Die erfahrenen Gefühle sind Angst, Grauen und Unruhe. Man ist nicht mehr länger der Autor des Lebens, sondern ein Charakter in einem Spiel. In „Gefahr" ist das Kind ein Ertrinkender, der das Leben dahingleiten sieht und dabei noch immer Hoffnung auf Rettung verspürt. Davon ausgehend, daß Kinder in unserer Gesellschaft als minderwertige Menschen betrachtet werden, ist der Fall in „Gefahr", und gewöhnlich noch tiefer, praktisch unvermeidbar. Es bleibt also nur die Frage: Wirst Du wieder aufsteigen?

Wenn die Hoffnung verschwindet, versinkt das Kind in den Zustand der „Nicht-Existenz". In den Vereinigten Staaten ist die von Kindern am häufigsten genannte Entbehrung das Fehlen von Zuneigung — als Ausdruck von Liebe. In manchen Ländern ist diese Entbehrung der Hunger. In beiden Fällen ist die Art der Bewältigung dieselbe. „Nicht-Existenz" ist der Zustand, in dem Du Dich nicht mehr mit der eigenen Umgebung oder den Menschen in ihr verbunden fühlst. Du fühlst Dich fern, abgetrennt und unwichtig. Es macht Dir nichts mehr aus, daß Du nicht ernährt wirst, und es macht Dir auch nichts aus, wenn gleichzeitig andere ernährt werden. „Nicht-Existenz" bereitet Dich auf weiteren Fall, hinunter in den Zustand von „Verletzung", vor. Dieser Zustand ist die Grenzlinie, unterhalb derer sich die vier Zustände der „Nicht-Verantwortung" befinden.

In „Verletzung“ gibt es selbstzerstörerische Verhaltensweisen, die sich in Fehlern und Unfällen verbergen. Das Versteck ist so perfekt, daß selbst derjenige, der sich in „Verletzung“ befindet, getäuscht wird. Ich nenne diesen Integritätsgrad deshalb „Verletzung“, weil in ihm sehr häufig körperliche Verletzungen geschehen. Man sollte nie in einem Auto mitfahren, das von einem Menschen in „Verletzung“ gesteuert wird. Bei Kindern sehen wir aufgeschlagene Knie, gebrochene Knochen und manchmal sogar den sogenannten Kindstod. Neulich hat ein Kind in diesem Zustand sein Fahrrad ohne zu schauen direkt vor mein Auto gefahren. Gottseidank war ich sehr langsam gefahren und konnte daher rechtzeitig bremsen. Es ist oft so, daß die Fehler, die Menschen in „Verletzung“ begehen, anderen schaden, aber die versöhnliche Eigenschaft von „Verletzung“ ist, daß man sich darauf verlassen kann, daß die Person, die den Schaden verursacht hat, ihn auch wiedergutmacht. Es existiert immer noch ein Gefühl für Verantwortung in solchen Menschen, so daß sie andere nicht für ihre eigenen Fehler verantwortlich machen. Du kannst Dich also darauf verlassen, daß derjenige, der sich in „Verletzung“ befindet, den Schaden wiedergutmachen wird. Andererseits kann man sich auch darauf verlassen, daß die Person weiteren Schaden anrichten wird. Kinder, die sich in „Verletzung“ befinden, ziehen typischerweise eine Menge Kritik auf sich, was dazu führt, daß sie in den nächst tieferen Grad von Integrität fallen, in die „Unsicherheit“.

Die Losung, in „Unsicherheit“ zu gelangen, heißt: „Ich weiß nicht.“ Das vorherrschende Gefühl in nahezu jeder Situation ist das von „Nicht-Wissen“. Wenn Du unsicher bist, ziehst Du Dich zurück und hältst Abstand. Du fragst Dich, ob Du überhaupt noch irgendeine Verantwortung für das eigene Leben hast. Es ist die letzte Station vor einem dramatischen Absturz in einen Integritätszustand, von dem man sich kaum wieder erholen kann. Die meisten Menschen haben den Status von „Unsicherheit“ im Alter von zwölf Jahren erreicht, und mit beginnender Reife sind sie bereit für den Sturz in „Opposition“ und „Untreue“.

Ab hier bis einschließlich Kapitel neun wird das Lesen dieses Buches kompliziert werden. Das liegt in der Natur der Information. Lies weiter. Alles wird sich klären.

Kapitel 2

Ganz unten

Im Alter von ungefähr zwanzig Jahren wirst Du in „Untreue“ fallen. An diesem Punkt kannst Du entweder beweisen, daß es nichts anderes gibt, oder Deinem Leben eine andere Richtung geben.

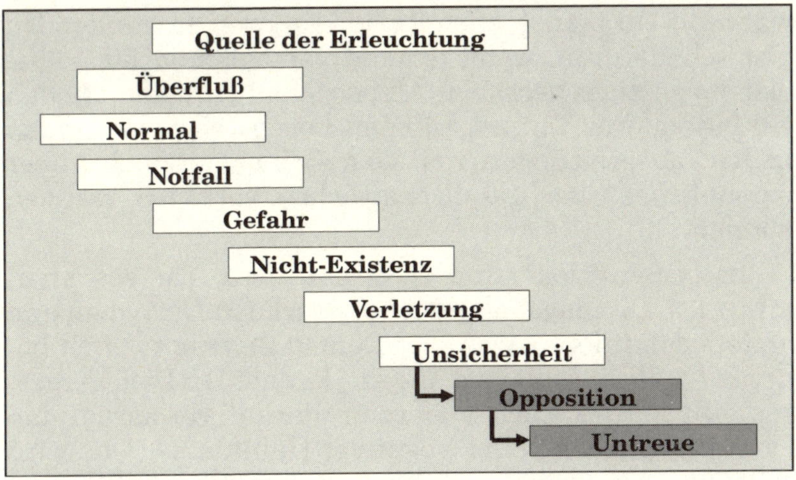

Die beiden Zustände „Opposition“ und „Untreue“ sind wie eine Kiste, aus der man kaum wieder entfliehen kann, weil die Anleitungen für eine erfolgreiche Flucht auf der Außenseite der Kiste angebracht sind. In diesen beiden Zuständen hast Du nicht nur aufgegeben, die Ursache Deiner eigenen Integrität zu sein, Du trägst auch noch einen Rest aus „Unsicherheit“ mit Dir, und sagst sehr oft: „Ich weiß nicht.“ Vielleicht wirst Du auch ein Alles-Wisser als eine Verteidigung vor dem Nicht-Wissen.

Die meisten Menschen sind in „Opposition“, wenn sie Teenager sind. In „Opposition“ hast Du kein Selbstwertgefühl, und Du versuchst zu beweisen, daß andere auch nicht mehr wert sind. Du schaffst das dadurch, daß Du allem und jedem widersprichst. Du hast keine Lösungen für Probleme, Du hast nur Kritik für die Probleme selbst. Ein Merkmal für den Unterschied zwischen „Opposition“ und „Untreue“ ist, daß Du in „Opposition“ ein offensichtlicher Feind des Lebens bist. Jeder weiß, wo Du stehst, weil Du es unmißverständlich zu erkennen gibst.

In „Untreue“ gibst Du vor, andere zu unterstützen, während Du planst, Dich ihnen entgegen zu stellen. Du bist schadenfroh, wenn jemand versagt, und Du selbst bist ein einziges Versagen. Menschen in „Untreue“ finden ein besonderes Vergnügen beim Lesen von Schlagzeilen in den Tageszeitungen, weil sie mit einer Geschichte über persönliches oder gesellschaftliches Versagen rechnen können.

In „Opposition“ und „Untreue“ bist Du essentiell machtlos. Du magst eine Menge Stärke in Dir haben und andere dominieren, was aber Deinen Beitrag zu einer höheren Qualität im Leben angeht, kannst Du Dich vergessen. Du kannst Dich außerdem darauf verlassen, daß Dein Privatleben voller negativer Gefühle ist. Das wird sich darin zeigen, daß Du alles tust, was die Lebendigkeit anderer einschränkt. Du erlebst Dich selbst als Opfer und andere als Verfolger. Du glaubst, die Lösung sei, alles zu tun, um die anderen zum Opfer zu machen, nicht erkennend, daß immer Du es bist, der den Preis dafür bezahlt. Im Extremfall geschehen in diesen Zuständen Selbstmord oder Mord. Eine Alternative zu der Auffassung, daß die Menschen Opfer seien, ist der Versuch, mit ihnen auf eine Art und Weise umzugehen, die sie aller Kraft beraubt. Bestimmte religiöse Bewegungen verhalten sich so. Die Religionen sind in all ihren Jahren durch alle Grade der Integrität die Leiter hinuntergefallen, selbst wenn deren jeweilige Begründer sich in einem Zustand über „Normal“ (an der Quelle der Erleuchtung, über die wir später reden werden) befanden.

Wenn Du Dich fragst, wo auf der Leiter der Integritätsgrade Du Dich gerade befindest, kannst Du ziemlich sicher davon ausgehen, daß Du Dich entweder in „Unsicherheit“ oder darunter befindest, oder aber, daß Du Dich dort bereits eingefunden hattest, und nun wieder auf dem Weg nach oben bist. Ungefähr 80% der Menschheit befinden sich zu jeder Zeit im Zustand der „Untreue“. Um das Buch ganz zu lesen, solltest Du einmal davon ausgehen, daß Du Dich auch im Zustand der „Untreue“ befindest. Ich werde Dir die Instruktionen geben, die Dir ermöglichen, aus der Kiste wieder herauszukommen. Vergiß nicht, daß die Anleitungen sich auf der Außenseite der Kiste befinden. Das heißt auch, daß die Anleitungen Dir als „verkehrt“ erscheinen werden, solange Du in der Kiste bist. Es wird Dir schwer fallen, sie als richtig zu erkennen. Ich werde Dir auch zeigen, wie Du von jeder beliebigen Stufe, auf der Du gerade bist, auf eine nächsthöhere Stufe kommen kannst. Sobald Du erst einmal Dein Selbst aus dieser Kiste befreit hast, wirst Du automatisch im Lauf der Jahre die Integritätsleiter hinaufsteigen und die einzige Frage, die dann bleibt, ist: „Wie schnell wirst Du hochkommen?“ Ich will Dir die Prinzipien zeigen, die Dir erlauben, auf die Dir gegebene, schnellste Weise hochzukommen.

Das wird der Weg für die meisten Menschen sein. Durch den Verlust von Gnade oder Erleuchtung, in die jeder hineingeboren wurde, erreichst Du den Zustand der „Opposition“ in der mittleren Pubertätsphase und den der „Untreue“ mit Anfang zwanzig. Das Leben dreht sich dann nur noch um den Beweis, daß es nichts anderes gäbe, (d. h. kein „außerhalb“ der Kiste), oder aber um die

Flucht aus der Kiste in Verantwortung („Nicht-Existenz" und darüber). Anders gesagt, das Lebensspiel dreht sich entweder darum, recht zu behalten, oder darum, aus dem Reich des Effektes hinauszugehen und wieder Ursache für die Qualität der eigenen Integrität und des eigenen Lebens zu werden. Der Kampf geht darum, die verlorengegangene Menschlichkeit wiederzugewinnen. Mein Buch handelt von diesem Spiel: Transformation.

Kapitel 3

Die Flucht aus der Untreue

Die Anleitungen für die Flucht aus der Kiste der „Untreue" sind auf die Außenseite der Kiste gedruckt. Höre gut zu, ich werde Dir die Anleitungen vorlesen.

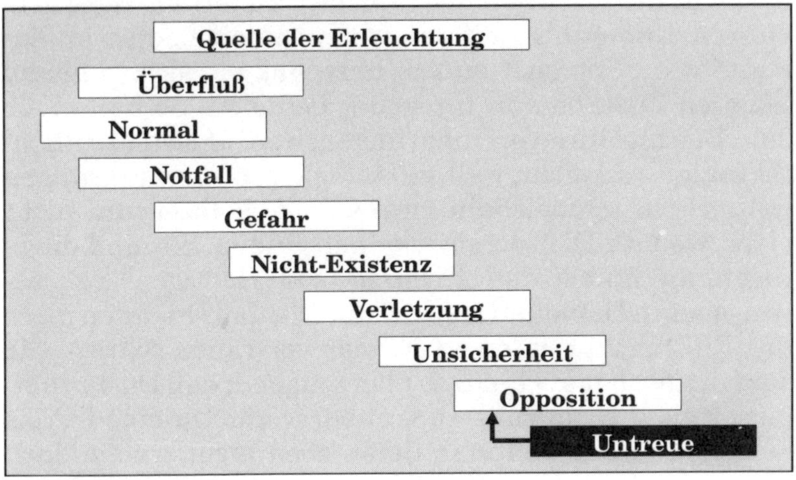

Untreue" ist der niedrigste Integritätsgrad. Es ist der Zustand von Integrität, in dem die Menschen lügen, schwindeln, stehlen, betrügen, Rache nehmen und eifersüchtig sind, nicht mögen, hassen und gegen andere sich verbünden, verübeln, deprimiert sind und Schuld geben, nach etwas trachten und und und ..., ich könnte endlos weitermachen. Was, so könntest Du fragen, ist der Sinn von all dem? Offensichtlich ist diese Art zu leben nicht lebenswert, und das genau denkt ein Mensch in „Untreue": „Ein Leben wie dieses ist nicht lebenswert." Von Fall zu Fall

setzt er dann dem Leben ein Ende, sei es dem eigenen oder dem eines anderen. Häufiger können die Menschen in diesem Zustand sich jedoch nicht mit der Wahrheit über ihren Zustand konfrontieren oder über diese reden, und deshalb lügen sie einfach oder sie geben vor, sich in einem anderen Zustand von Integrität zu befinden.

Vortäuschung heißt also das Spiel der „Untreue". Dadurch, daß die Anleitungen zur Flucht aus der Kiste der „Untreue" auf deren Außenseite gedruckt sind, täuscht die Person in der Kiste einfach vor (davon ausgehend, daß sie nicht die Wahrheit sagen kann), außerhalb der Kiste zu sein. Dadurch scheint es, wenn Du mit Leuten im Zustand von „Untreue" zu tun hast, daß sie sich in einem höheren Zustand von Integrität befinden. So halten sie zum Beispiel ihre Vereinbarungen, weil sie sich verpflichtet fühlen und nicht, weil sie einfach ihre Vereinbarungen halten. Sie schmeicheln Dir, weil sie sollten und nicht etwa, weil sie Dich schmeichelhaft finden. Sie sind diejenigen, die immer das „Richtige" zur „richtigen" Zeit sagen, aber in Deinem Herzen weißt Du, daß Du ihnen nicht den Rücken zuwenden oder ihnen vertrauen solltest. Sie sind dennoch manchmal so überzeugend, daß Du vergißt, der eigenen Erfahrung zu trauen, wofür Du einen Preis bezahlen mußt, weil man ihnen eben nicht trauen darf. Wenn Du einem solchen Menschen traust und dieser Mensch es als sein dringendstes Anliegen sieht, dieses Vertrauen zu enttäuschen, dann *wird* Dein Vertrauen enttäuscht werden, verlaß Dich darauf. In der einen Minute denkst Du, Du wirst unterstützt, und schon in der nächsten Minute wird Dir der Boden unter den Füßen weggezogen, und Du wirst der Betrogene sein. Manchmal wird der untreue Mensch Dich zu keinem anderen als zu dem Zweck betrügen, in Übung zu bleiben. Deshalb sind ein scheinbar einmaliger oder launischer Betrug und der Entzug von Unterstützung die Regel der „Untreue".

Ein Mensch in „Untreue" ist intensiv unglücklich. Depressionen, Ärger und ein beständiges Gefühl von Wertlosigkeit sind wie Wasser auf die Mühle des Lebens untreuer Menschen. Aber denk daran, sie sind große Schauspieler. Wenn Du Dich in „Untreue" befindest, wirst Du es nicht einmal vor Dir selbst zugeben, und das ist ein wichtiger Teil der Vortäuschung. Der einzige Hinweis könnte ein generelles Unglücklichsein sein. Wenn Du einem Menschen in „Untreue" begegnest, dann mußt Du Dich auf Deine Erfahrung mit dieser Person besinnen, wenn Du Dich vor Verrat schützen willst. Deiner Erfahrung zu trauen, ist etwas völlig anderes, als Deinen Konzepten zu folgen. Wenn Du Deinen Konzepten vertraust, siehst Du nur das Augenscheinliche und ignorierst das, was Du intuitiv weißt. Wenn Du selbst in „Untreue" bist, dann bist Du nicht in der Lage, Deiner Erfahrung mit anderen Menschen zu trauen, weil Du den Zugang zu dieser Erfahrung vor sehr langer Zeit verloren hast. Wenn Du auf andere Menschen in „Untreue" triffst, bist Du praktisch ohne Schutz. Das klassische Beispiel für ein solches Aufeinandertreffen ist das des Arbeitgebers, der sich in „Untreue" befindet und ein Vorstellungsgespräch mit einem Menschen führt, der sich ebenfalls in „Untreue" befindet. Ersterer gründet sein Urteil über den anderen auf seinen Eindruck, und nicht auf die Erfahrung, die ihm gesagt hätte, daß er bisher jedesmal hereingefallen ist! Ein solcher Arbeitgeber wundert sich dann, warum sein Betrieb nicht läuft!

Ich möchte noch einmal die Geschicklichkeit betonen, mit der eine clevere Person in „Untreue" ihren niedrigen Integritätsgrad zu vertuschen vermag. Das äußerste Beispiel hierfür ist wohl das des Verbrechers, der das „perfekte" Verbrechen plant, d. h., ein Verbrechen, von dem nicht einmal bekannt wird, daß es geschehen ist. Übrigens gibt es das perfekte Verbrechen. Gehört haben wir bisher allerdings nur von den nicht perfekten.

Wie man aus „Untreue" aus- und emporsteigt

Einige Menschen in „Untreue" interessieren sich für die Regeln, mit denen sie aus „Untreue" hinauskommen können, weil diese Menschen an erster Stelle damit beschäftigt sind, vorzutäuschen, daß sie nicht in „Untreue" sind. Das Interesse daran, wie man hochkommt, auch wenn dieses Interesse nur einen selbst betreffen sollte, würde bedeuten, daß man die Täuschung und das Spiel aufgibt. Wenn Du unglücklich bist und das Buch in genau diesem Moment weglegen möchtest, dann spreche ich jetzt ganz besonders für Dich: Um aus der Kiste der „Untreue" herauszukommen, mußt Du als allererstes zugeben, daß Du in der Kiste bist. Denk daran, daß alle Instruktionen auf die Außenseite der Kiste gedruckt sind, und daß sie für Dich so lange keinen Sinn ergeben, solange Du in der Kiste bist. Darüber hinaus würde ein untreuer Mensch eher sterben, als die Wahrheit über irgend etwas zu sagen. Es verlangt großen Mut, die Wahrheit über Deine Untreue zu sagen. Du mußt sie sagen, Dir und den anderen. Wir müssen wissen, daß Du weißt, daß Du nicht vertrauenswürdig bist. Wir wissen schon, daß man Dir nicht vertrauen kann, wir wissen nur nicht, ob Du es auch schon weißt. Wir denken, daß Du immer noch Theater spielst. Wenn Du also heraus willst aus „Untreue", dann mußt Du die Wahrheit über Dich selbst sagen. *Es gibt keinen anderen Weg.* Du wirst nicht größer sein können, als Du gewillt bist, klein zu sein.

Es verlangt außerdem ziemlichen Mut, weil der Zustand („Opposition"), in den Du Dich begeben wirst, nicht viel besser ist, und Du Dir in der Tat eine Menge Feinde schaffen wirst, wenn Du Dich höher begibst. Du wirst jedoch zumindest ehrlich sein, was ihnen die Möglichkeit gibt, ihrerseits ehrlich zu sein. Vergiß nicht: Nichts verändert sich, bevor Du nicht die absolute Wahrheit gesagt hast.

Nachdem Du die Wahrheit über Deine Untreue gesagt hast, mußt Du nun Dir selbst vertrauen. In dem Moment, in dem Du zugibst, daß Du nicht vertrauenswürdig bist, mußt Du nun Dir selbst vertrauen, ohne daß Du ein Anzeichen dafür hättest, daß Du vertrauenswürdig bist. Du siehst, daß Vertrauenswürdigkeit nicht etwas ist, das da ist, weil Du es Dir selbst beweisen kannst, vielmehr manifestiert sich der Beweis in Deinem Vertrauen in Dich selbst. In diesem Zusammenhang ist Deine Entscheidung gleichbedeutend mit einer Erschaffung. Du erschaffst Dich als vertrauenswürdig und wirst dann Gelegenheiten bekommen, Deine Vertrauenswürdigkeit zu üben.

Wenn Du die „Untreue" hinter Dir läßt, verläßt Du das Reich des Effektes. Du hörst auf, andere für Dein Leben und Deine Erfahrung des Lebens verantwortlich zu machen. Du bist jedoch noch nicht aus dem Reich des Effektes heraus. Du hast Dich nur in Richtung Deiner Erfahrung von Verursachung bewegt, was soviel heißt, wie der Autor des eigenen Lebens zu sein und nicht ein Charakter in einem Spiel. Der nächsthöhere Grad ist die „Opposition", und Du bist immer noch in der Kiste. Zu schade. Du hast deine Aufwärts-Reise gerade erst angetreten, eine Reise, die Jahre dauern kann. Faß Dir ein Herz, die Reise ist es wert.

Kapitel 4

Die Flucht aus der Opposition

Um aus der „Opposition“ herauszukommen, mußt Du aufgeben, mit Deinen Überzeugungen „recht“ zu haben. Es kann daher sein, daß Du es nie schaffen wirst.

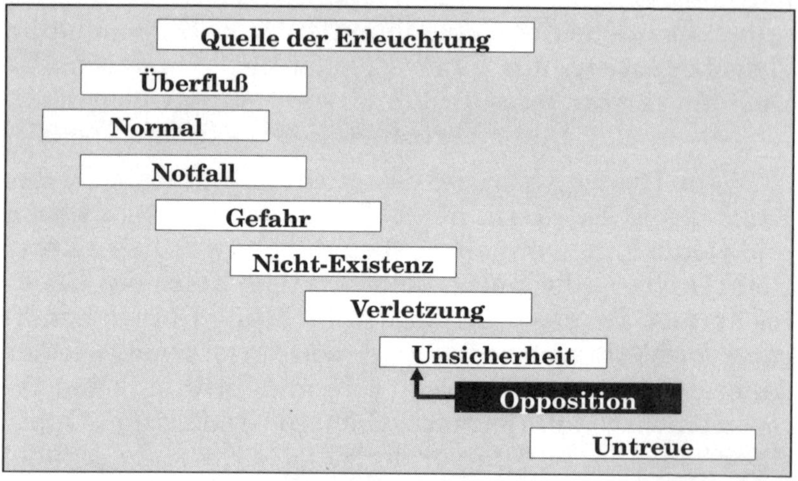

Wenn Du Dich darauf konzentrierst, Dir selbst zu vertrauen, wirst Du feststellen, daß Du Dein Leben aus der „Opposition“ heraus lebst. Du wirst gelegentlich in „Untreue“ zurückfallen und manchmal sogar in höhere Integritätsgrade aufsteigen. Du wirst Dein Befreites Selbst jedoch meistens dadurch zum Ausdruck bringen, daß Du Dich allem und jedem widersetzt; Du wirst aus der „Opposition“ heraus leben.

In der „Opposition“ befindest Du Dich in ständiger Auseinandersetzung darüber, wie etwas ist. Wenn Du

Dich setzen und ein Jahrhundert damit verbringen würdest, darüber nachzudenken, was die Formel für Unruhe und Unglück in Deinen Beziehungen zu anderen ist, dann wäre die „Opposition“ das krönende Resultat für all die Jahre Deiner Denkarbeit. In „Untreue“ hattest Du Dich in „Opposition“ zum Leben befunden: gleich welcher Art, Du hast gelogen und gesagt, daß Du nicht lügen würdest, und Du hast so getan, als ob Du Dich nicht in „Opposition“ zum Leben befändest. Wenn Du Dich in dem Zustand der Integrität befindest, den man „Opposition“ nennt, dann lügst Du zwar immer noch (indem Du behauptest, daß Du Dich nicht darin befindest), aber Du täuschst nicht länger vor, sondern zeigst offen Deine Opposition Deinen Beziehungen gegenüber. Du widersetzt Dich sowohl den Ergebnissen in Deinem eigenen privaten und beruflichen Leben als auch im Leben der anderen. Du hältst Dich nicht länger versteckt. Du sagst Dir: „So werde ich Ergebnisse bekommen: ich muß mich nur all diesen Menschen widersetzen, weil sie das Leben alle falsch angehen.“ Dann sagst Du weiter: „Ich habe die richtigen Antworten, und es ist meine Aufgabe, ihnen zu zeigen, wie recht ich habe und wie unrecht sie haben. Wenn sie sich nur an meine Regeln halten, dann wird sich alles ergeben.“ Wenn Du jemanden zwingst, nach Deinen Regeln zu spielen, wird aber nichts funktionieren, weil das Leben keine Funktion von Regeln ist. Du aber gehst davon aus, daß diese Regeln falsch sind, und Du erfindest willkürlich mehr, bessere oder andere Regeln und versuchst, diese den anderen aufzuzwingen. In vielen Ehen geht das über Jahre so. Ein oder beide Partner suchen nach den „richtigen“ Regeln für ein Zusammenleben, davon ausgehend, daß solche Regeln die Beziehung funktionieren lassen, und sie erkennen nicht, daß nur Selbst (Wer-Du-Bist) und Deine Bereitschaft, Selbst auf der höchsten Stufe der Integrität zum Ausdruck zu bringen, der Beziehung erlauben, zu funktionieren.

Je mehr Du also an Deinen Lebensregeln festhältst, desto weniger funktioniert Dein Leben. Die Unflexibilität, mit der ein Mensch an den Regeln im Leben festhält, ist klassisch in einer Organisation, die untergeht, und in einer Beziehung, die nicht funktioniert. Wenn eine Firma Pleite macht, ist es schwierig, das Gegenteil zu behaupten, wenn die Gehälter nicht mehr bezahlt werden können. Es ist allerdings einfach, sich und anderen etwas vorzumachen, wenn eine Beziehung auseinandergeht; wenn Du Deine Ehe oder Beziehung aus der „Opposition" heraus führst (die meisten Menschen tun das) und sie nicht funktioniert, das heißt, nicht befriedigend ist (und das ist sie nie), dann kannst Du wieder in „Untreue" zurückgehen und vortäuschen, daß sie funktioniert. Eine Beziehung unter diesen Voraussetzungen ist tot oder in einem todesähnlichen Zustand. Seltsamerweise kann man dem nicht entkommen, indem man eine neue Beziehung eingeht, sondern nur dadurch, daß man den Mut aufbringt, sich auf der Integritätsleiter aufwärts statt abwärts zu bewegen. Leider befindet sich oberhalb von „Untreue" und Tod der Zustand von „Opposition", und den hast Du schon ausprobiert, so daß dieser Zustand Dir nicht als Lösung erscheint. Vergiß nicht, Du befindest Dich in einer Kiste, und die Anleitungen, um auszusteigen, sind nicht sichtbar, weil sie auf die Außenseite der Kiste gedruckt sind. In der „Opposition" ist das genauso. Wenn die „Opposition" (mit ihren Regeln) als Hoffnung versagt hat, fallen die meisten Menschen zurück in „Untreue", und entweder sterben sie in ihrer Beziehung, oder sie trennen sich und suchen nach einer neuen Verbindung. Wenn Du das versuchst, wirst Du Deinen Integritätsstatus mit in die neue Beziehung hineinnehmen.

Es ist schwierig, sich wieder in die „Opposition" zu begeben, nachdem man sich schon Monate oder gar Jahre darin befunden, den Zustand gehaßt und nicht gewußt hat, wie man sich auf die nächsthöhere Integritätsstufe bewegen sollte. Es braucht wirklichen Mut, zu etwas Höherem zurückzukehren, wenn es niedriger scheint. Wenn Du in der „Untreue“/„Opposition“-Kiste bist, dann kannst Du oben von unten nicht unterscheiden, und Du vertraust nicht auf das, was andere Dir sagen. Typischerweise verteidigst Du Dich, indem Du denkst, Du weißt alles, und daß das Leben aus Unglück und Leid besteht. Wahrscheinlich denkst Du, daß Menschen, die glücklich erscheinen, etwas vortäuschen, weil Du, wenn Du glücklich zu sein scheinst, immer etwas vormachst. Menschen, die enthusiastisch sind und das offensichtlich nicht vortäuschen, erzeugen in Dir extremen Haß und Widerstand, was Du zu zu verbergen suchst. Du weißt einfach nicht, was Glück, Befriedigung und Begeisterung sind.

Wenn Du bereit bist zuzugeben, daß Du Dich in der „Opposition“ befindest, dann ist das schon der erste Schritt hin zum nächsthöhern Grad der Integrität. Darüber hinaus, daß Du die Wahrheit sagst als Voraussetzung dafür, daß etwas aus Deinem Leben verschwinden kann, mußt Du erkennen, welche Ergebnisse die Opposition in Deinem Leben bringt. Du mußt auch darüber die Wahrheit sagen. Die Ergebnisse werden kostspielig sein und fast immer genau die, die Du zwar nicht willst, die Dich aber ins Recht versetzen, und „recht“ haben wird der Preis sein, den Du zahlen wirst. Um Dich nun selbst in den nächsthöhern Zustand der Integrität („Unsicherheit“) zu bringen, mußt Du für die Ergebnisse kämpfen, die Du willst, und nicht für solche, die Dich recht haben lassen. Ausnahmslos wirst Du feststellen, daß das mit den alten „Spielregeln“ nicht möglich sein wird. Du wirst im nachhinein im „Unrecht“ sein bezüglich dieser Regeln, und Du wirst neue aufstellen. Die erste und wichtigste Regel lautet: *Es gibt keine Regeln.* Wenn Du begriffen hast, daß es keine „richtigen“ Regeln für das Leben gibt, dann kannst Du Regeln erschaffen, die Dir ermöglichen, Dich an die Bedingungen, unter denen Du jetzt lebst, anzupassen.

Wenn Du die gewünschten Ergebnisse erreichen willst, dann wirst Du auf der Integritätsleiter zur „Unsicherheit“ hinaufsteigen, was sicher kein Honigschlecken ist, aber doch eine merkliche Verbesserung im Vergleich zur „Opposition“. Der schwierigste Schritt auf der gesamten Integritätsleiter ist der von „Opposition“ zu „Unsicherheit“, weil Du aufgeben mußt, in dem „recht“ zu haben, was Du über das Leben denkst. Du wirst, mit einem Wort, unsicher.

Kapitel 5

Unsicherheit

Um aus der „Unsicherheit" herauszukommen, mußt Du eine Richtung für Dein Leben wählen, zu keinem anderen Zweck als dem der Wahl.

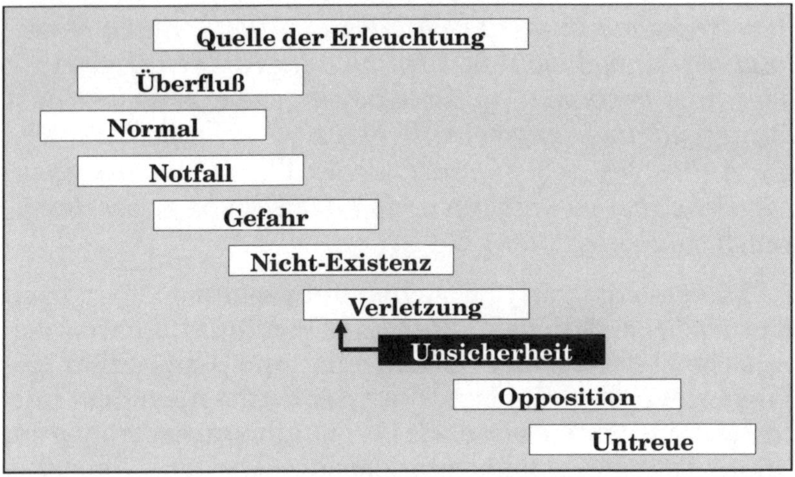

In „Untreue" und „Opposition" wußtest Du wirklich nicht, wo auf der Integritätsleiter oben und unten ist; Du hattest keine Ahnung, warum das Leben funktionierte, wenn es funktionierte, und warum es nicht funktionierte, wenn es nicht funktionierte. Du warst doppelt gestraft, weil Du dachtest, daß Du es wüßtest. Du warst sogar sicher, es zu wissen, weil Du Glaubensbekenntnisse und Regeln aufgestellt hattest, um Dir und anderen zu beweisen, daß Du weißt. Wenn im Leben Situationen aufkamen, die Du nur schwer bewältigen konntest, dann hast Du Dein Repertoire der Sprüche und Gemeinplätze befragt, und Du hast

Dir selbst oder anderen Anweisungen in der vollen Überzeugung Deiner Weisheit gegeben. Wenn Deine Anweisung nicht funktioniert hat, dann hast Du nach neuen Regeln und Gemeinplätzen gesucht, an die Du glauben konntest, und Du hast gesagt: „Ach, so ist das! Das Leben hat deshalb nicht funktioniert, weil ich die falschen Poster an den Wänden hatte!" Du hast dann diese Poster durch andere ersetzt, oder Du hast einfach noch mehr Poster dazu gehängt oder andere Poster mit anderen Gemeinplätzen, Regeln und Glaubensinhalten. Vielleicht hast Du auch nur den Menschen ausgetauscht, dessen Anweisungen Du gefolgt warst, vielleicht bist Du aus der Kirche ausgetreten oder hast begonnen, in dieselbe zu gehen, vielleicht hast Du irgendeinen ungewöhnlichen Kult gefunden, der Dir die Antworten geben würde. Jeder Wechsel diente dazu, vor Dir selbst zu verbergen, daß der Glaube selbst der eigentliche Fehler war.

Die meisten von uns suchen ihr gesamtes Leben nach den „richtigen" Regeln, die das Leben funktionieren lassen. Sie bleiben daher in „Untreue" und „Opposition" gefangen. Wir sind Suchende auf der Suche nach dem Retter. Mit diesem Ziel sind wir bereit, alles auszuprobieren, inklusive bewußtseinsverändernder Drogen. Nebenbei erwähnt, besteht genau da die Drogenkultur: in „Untreue" und „Opposition", auf der Suche nach Antworten. Die Bewußtseinsveränderung durch die Droge ist die vermeintliche „Antwort". Religion kann auch in diese Kategorie passen. Wenn Du Religion als „die Antwort" im Leben mißbrauchst und *dadurch verhinderst, die Antwort selbst zu sein*, dann kannst Du genausogut Drogen als Antwort nehmen. Dasselbe gilt für Psychologie, Psychiatrie und Psychoanalyse, falls Du meinst, dort die Wahrheit zu finden. Ich behaupte nicht, daß Drogen, Religion und psychologische Bestrebungen nicht wertvoll sind; sie sind wertvoll in genau dem Ausmaß, in dem Du die Verantwortung übernimmst, ihnen einen Wert beizumessen. Die Wahrheit aber ist unauslöschbar und unaussprechlich. Sie kann nicht in Konzepten gelehrt werden.

Wenn Du die „Opposition“ verläßt, indem Du aufgibst, bezüglich Deiner Regeln recht haben zu wollen, dann wirst Du in „Unsicherheit“ geraten. Du wirst Dir nur einer einzigen Sache sicher sein: Du wirst wissen, daß Du nichts weißt. Du wirst auch wissen, daß kein anderer weiß. Du *wirst bereit sein*, nicht zu wissen, und Du wirst die Gemeinplätze von Deiner Wand oder aus Deinem Bewußtsein nehmen, und Du wirst Dich mit der Möglichkeit konfrontieren, dazustehen und keine Ahnung davon zu haben, was funktioniert und was nicht, und darüber hinaus wirst Du wissen, daß die Gurus, von denen Du dachtest, daß sie die Antwort hätten, auch nicht mehr wissen, und daß es möglicherweise tatsächlich keine Antwort gibt. Mit einem Wort: Du wirst „nicht wissen“. Du wirst in Gesprächen über das Leben immer wieder sagen: „Ich weiß nicht.“ Du wirst denen, die denken, daß sie wüßten, einfach nur zuhören und sie im Ausdruck ihrer selbst unterstützen in dem Wissen, daß auch sie nicht wissen, daß auch sie nur meinen, daß sie wüßten. Du wirst ihnen nicht sagen, daß Du weißt, daß sie nicht wissen, weil ihnen das nicht hilft. Du läßt sie sich einfach ausdrücken. Wenn Dir klar ist, daß Du unsicher bist, *wenn Du wirklich weißt, daß Du nicht weißt, dann hast Du die Kiste von „Untreue“ / „Opposition“ verlassen.*

Du befindest Dich allerdings immer noch im Reich der Wirkung, d. h., daß Du Deine Erfahrungen nicht durch freie Wahl erschaffst; Du kannst vielleicht zum erstenmal sehen, daß es so etwas wie Kreativität für Dich wirklich geben kann. Es wird Dir möglich sein, wirklich kreativ zu sein — ich meine nicht diesen Mist, den ich mit „erfindungsreich manipulativ“ bezeichnen würde, der mit einer Menge Stolz und Arroganz einhergeht. Ich beziehe mich hier auf die wahre Kreativität, auf eine Art der Kreativität, die andauernd und fließend ist: auf die Erschaffung Deiner Erfahrung. Diese steht im Widerspruch zum Reich der Wirkung, in dem Du nichts anderes als eine Reaktionsmaschine bist, was bedeutet, daß Du ein Lager von Antworten parat hast, verhaltens- und gefühlsmäßig, und daß Du diese Antworten ausspielst, sobald gewisse Situationen in Deinem Leben auftreten. Du hast eine Wut-Antwort, eine Eifersucht-Antwort, eine Depression-Antwort, und so weiter. In „Unsicherheit" bist Du zwar noch immer eine Reaktionsmaschine, aber allmählich lernst Du, diese Tatsache einzuschätzen, und Du bekommst eine erste Ahnung davon, was Freiheit wirklich sein kann.

Wenn Du Dich in „Unsicherheit" befindest und wenn Du weißt, daß Du nicht weißt, dann hoffst Du noch immer, daß jemand anderer weiß, und Du wirst auf der ständigen Suche nach diesem Jemand sein. Du wirst sehr empfänglich für die Rolle des Bewunderers sein, und Du wirst auf den Prinzen oder die Prinzessin warten, die kommen, um mit Dir eine Beziehung anzufangen, die Dich auf einen Schimmel oder in eine Traumkutsche setzen und Dich dahin mitnehmen werden, wo die Gelassenheit zu Hause ist und wo Dir die Antworten gegeben werden. Wenn Du Dich zu diesem Zweck an jemanden anschließt, dann wirst Du geradewegs zurück in „Untreue" fallen, und Du wirst gezwungen sein, durch Opposition gegen Deinen Prinzen oder Deine Prinzessin hindurch zu gehen, um „Unsicherheit" wiederzuerlangen. Du kannst keine erfolgreiche Beziehung in „Unsicherheit" oder darunter haben.

Um die „Unsicherheit" zu verlassen, in der Du eine funktionierende Beziehung haben kannst, mußt Du bereit sein, einen Weg im Leben zu wählen, nicht weil das „richtig" wäre, und auch nicht, weil Dir jemand (ein Guru) gesagt hätte, daß Du diesen Weg wählen sollst, sondern einfach nur deshalb, weil Du diesen Weg wählst. Diese Art der Wahl ist der erste verantwortliche Schritt auf Deinem Weg die Integritätsleiter hinauf. Du kannst zum Beispiel eine Beschäftigung wählen, aber nur, weil Du sie wählst, und nicht, weil sie die „richtige" wäre. Dir ist bewußt, daß nur Du die Quelle Deiner Befriedigung bist, und nicht Deine Arbeit. Ich bin immer wieder erstaunt über Menschen, die ihr ganzes Leben lang nach der richtigen Arbeit suchen, und die nicht bereit sind, die Arbeit, die sie haben, zu der einzig für sie richtigen zu machen. Um aus der „Unsicherheit" herauszukommen, *wählst* Du also. *Wählen* ist ein Lebensprinzip. Was wählst Du? Du wählst natürlich das, was ist. Sieh Dir einfach an, was in Deinem Leben ist, und wähle genau das. Wenn Du mit dem, was in Deinem Leben ist, unglücklich bist, dann hast Du vergessen, es zu wählen. Es ist nicht so, daß es das Unglücklichsein mit sich gebracht hätte (das hast Du hinzugefügt), Du hast lediglich vergessen, zu wählen, was Du bereits gewählt hattest, das heißt, Du hast es gewählt und hast nur vergessen, für Deine Wahl verantwortlich zu sein. Wenn Du also eine bestimmte Beziehung in Deinem Leben hast, vielleicht mit jemandem, von dem Du einmal geglaubt hattest, er oder sie sei Dein Prinz oder Deine Prinzessin, und der oder die Dir jetzt nicht mehr so gut gefällt, dann ist folgendes passiert: eines Morgens bist Du aufgewacht, und Du hast vergessen, diesen Menschen zu wählen. Du hast Dich gefragt: „Wie um alles in der Welt bin ich in diese Situation geraten?", und von dem Moment an hast Du regelmäßig nach den Fehlern gesucht. Du hast vergessen zu wählen, daß dieser Mensch genauso ist, wie er/sie ist. Vielleicht ist auch genau das mit Deiner Arbeit geschehen. Eines Morgens hattest Du vergessen, die Arbeit, die Du hast, zu wählen, und seit genau diesem Tag ist es irgendwie die „falsche" Arbeit. Es kann sogar sein, daß Du vergessen hast, Dich selbst zu wählen, dieses Individuum, diesen Standpunkt, diese Einheit aus Kohlenstoffatomen, diesen Körper. Wie auch immer Du es nennen willst: Es könnte sein, daß Du vergessen hast zu wählen, der Mensch zu sein, der Du im Moment bist. In diesem Fall werden *alle* Umstände in Deinem Leben die „falschen“ Umstände sein, weil Du der falsche Mensch bist. Du wirst in den Spiegel schauen und Dich fragen: „Bin ich das wirklich?“

Wenn Du die „Unsicherheit“ verläßt, dann wählst Du das, was ist. Du wählst *alles*, was ist. Du erkennst die natürliche Vollkommenheit dessen, was ist. Du wirst dadurch zur „Verletzung“ kommen, in den ersten Zustand, in dem Du vertrauenswürdig bist, in dem Du zum erstenmal die Möglichkeit für eine befriedigende Beziehung haben kannst. Du befindest Dich noch immer nicht auf dem Niveau von Ursache, aber Du näherst Dich. Wenn Du in „Unsicherheit“ bist, dann brauchst Du Mut, um zur „Verletzung“ zu gehen, weil Du Dich selbst verletzen *wirst*. In „Unsicherheit“ weißt Du, was der nächste Schritt bedeutet. Du weißt es intuitiv, und Du wirst daher versucht sein, in „Unsicherheit“ zu bleiben, auf der „Ich-Weiß-Nicht-Bühne“ des Lebens.

Kapitel 6

Verletzung

Um Dich von der „Verletzung" weg und die Leiter hinauf zu begeben, mußt Du das folgende tun: diene den anderen und gib großzügig, auch wenn Du sicher bist, ein Dummkopf zu sein, wenn Du das tust.

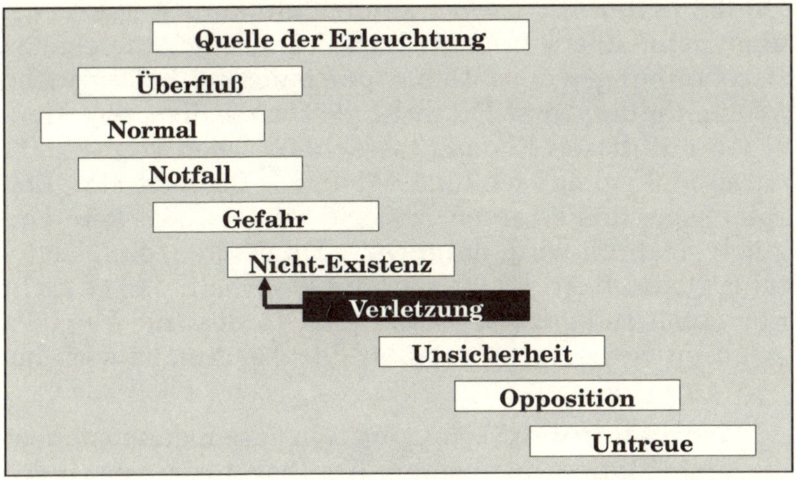

Meine Beobachtung ist, daß mindestens 80% aller Menschen auf der Welt ihr Leben aus „Untreue" heraus leben. Die meisten haben den Zustand der „Unsicherheit" von Zeit zu Zeit erfahren, aber nur einige wenige kommen wirklich über die „Opposition" hinaus. Damit meine ich nicht, daß die Menschen nicht etwa einen höheren Integritätsgrad gehabt hätten, ich beziehe mich jetzt ausschließlich auf den Standpunkt, von dem aus Du Dein Leben jetzt führst, oder um es anders zu sagen, auf die Ebene von Integrität, von der aus Du Dein Leben erfährst.

Es kann sich also fast jeder bei der Beschreibung von „Untreue“ und „Opposition“ wiedererkennen, und die meisten können sich auch noch in „Unsicherheit“ beschrieben sehen. Nur sehr wenige können sich auf Beschreibungen einer höheren Qualität ihrer Integrität beziehen.

Ein Merkmal der Integritätsleiter ist, daß die Beschreibung des Integritätsgrades auf und unterhalb der Ebene, von der aus Du Dein Leben lebst, sich vertraut anhört, während die Beschreibung eines höheren Grades fremd klingt, beinahe unwirklich. Man kann sagen, daß Du die Leiter *hinabsehen* kannst, Du kannst jedoch nie über Deine Ebene hinausschauen. Da die jetzt folgenden Beschreibungen also Deine persönlichen Erfahrungen überschreiten, wirst Du nicht glauben wollen, daß Menschen auf diesen Ebenen tatsächlich leben können. Du wirst denken, daß ich lüge. Wenn ich Dir jetzt zum Beispiel sage, daß es einen Zustand gibt, in dem kein Unglück erfahren wird, dann wirst Du denken, daß das totaler Quatsch ist. Es ist aber die Wahrheit, daß es nicht nur einen Integritätszustand gibt, in dem nie Unglück erfahren wird, sondern daß es darüber hinaus noch höhere Grade gibt.

Wenn wir in die „Verletzung“ eintreten, dann ist diese die letzte Station auf unserem Weg, bevor wir in das Reich der Ursache gelangen. Du erschaffst noch immer nicht Deine Erfahrung des Lebens, aber Du bist zumindest bereit, die Verantwortung für Deine Erfahrung zu übernehmen. Auf dieser Ebene gibst Du auf, andere für Dich verantwortlich zu machen. Wenn Du wählst und Dich aus der „Unsicherheit“ begibst, dann wählst Du das, was ist, und nicht das, von dem Du wünschst, daß es sein sollte. Du wählst, daß es so sein soll wie es ist, und das ist der erste Hinweis für Dich, daß Du begreifen könntest, daß Du alles selbst erschaffen hast, und daß Du für die Art, wie Du es erfährst, verantwortlich bist.

Auf den unteren Integritätsebenen machst Du viele Fehler im Leben, und in „Verletzung“ setzt Du das fort. Der Unterschied ist lediglich der, daß Du jetzt nicht mehr die Umstände oder andere Menschen dafür verantwortlich machst, und daß man darauf vertrauen kann, daß Du Deine Fehler wiedergutmachen wirst. Man kann allerdings auch davon ausgehen, daß Du weitere, unnütze Fehler machen wirst. Es ist also ein zweischneidiges Schwert. Die anderen wissen, daß Du alles durcheinanderbringst, und das treibt sie von Dir weg, aber sie erkennen auch, daß Du nicht sie dafür verantwortlich *und* darüber hinaus Deine Fehler wiedergutmachst, und das zieht sie zu Dir hin. Auf diesem Abschnitt Deines Weges wirst Du merken, daß man Dich zu sozialen Funktionen auffordert, daß Du ganz und gar dazugehörst, und daß die anderen beginnen, an Dich zu denken und in ihre Pläne miteinzuschließen. Es ist der niedrigste Grad von Integrität, der Dir befriedigende erfolgreiche Beziehungen erlaubt.

Du befindest Dich jedoch noch immer im Reich der Wirkung, Du bist noch immer das „Opfer“ im Leben, aber Du beginnst einzusehen, daß Du allein die Quelle Deiner Schwierigkeiten bist. Du kannst es noch nicht ganz klar erkennen, es ist mehr eine Intuition, ein aufkommender Verdacht, den Du gewillt bist, in Betracht zu ziehen, vielleicht sogar zu glauben, weil er „einleuchtend“ erscheint. Dir fehlt zu diesem Zeitpunkt allerdings die entsprechende Erfahrung. Du kannst Monate und Jahre auf diesem Integritäts-Niveau verbringen, wissend, daß Du Dich nach oben bewegen kannst, und fragend, wann das wohl geschehen wird. Du *wirst* Dich selbst verletzen, körperlich, seelisch und immer unnötigerweise. Du wirst andere auf Deine Weise verletzen. Du wirst jedoch den Schaden immer wieder beheben, und genau das unterscheidet Dich von 80% aller Menschen.

Du tust schon etwas von dem, was Du tun mußt, um weiter nach oben zu kommen: Du beseitigst den von Dir angerichteten Schaden. Was Du darüber hinaus tun mußt, ist nicht so offensichtlich, deshalb sage ich es ohne Umschweife: Du mußt anderen dienen. Das wird das größte und mächtigste Hindernis gegen die Befreiung von „Verletzung", Wirkung und „Opfer" darstellen: Du wirst Widerstand dagegen leisten, anderen zu dienen, aufgrund vieler Glaubenssätze heraus, die in dieser Welt üblich sind. Du mußt nicht nur den anderen dienen, Du mußt darüber hinaus einem Menschen dienen, der sich außerhalb des Reiches der Wirkung befindet, jemandem, der/die weiß, wer er/sie ist, jemandem, der/die sich als die Verkörperung des Selbst erlebt. Es gibt keine Aufwärtsbewegung, wenn Du nur Menschen dienst, die im Reich der Wirkung sind. Du mußt diesem einen Menschen zu einem Zweck dienen, der mächtiger ist als Du selbst und als die Beziehung, die Du zu diesem Menschen hast. Die meisten ehelichen Verbindungen, die ansonsten erfolgreich sein mögen, haken genau an diesem Punkt: es gibt keinen Zweck, der größer ist als die Beziehung selbst, und die Beteiligten sind nicht dazu bestimmt, jemandem zu dienen, der sich außerhalb des Reiches der Wirkung befindet. Die Beziehung ist somit reiner Selbstzweck, sie dreht sich unaufhörlich um sich selbst, und sie erschöpft sich in unbedeutender, kleinlicher Belanglosigkeit; sie dreht sich um Dinge, die nicht nur völlig unwichtig, sondern darüber hinaus auch unwirklich sind, d. h., sie entsteht aus der Langeweile des Nicht-Dienens.

Das Problem des Dienens wird das größte Hindernis auf Deinem Weg aus dem Reich der Wirkung sein. Die große Mehrheit der Menschen scheitert an diesem Hindernis, weil sie Angst davor hat, gesteuert zu werden. Ich meine es genau so: Sie befürchten, gesteuert zu werden. Du befürchtest, daß Du ausgetrickst wirst und jemandem dienen sollst, ohne daß es sich für Dich auszahlt, und deshalb untersuchst Du heimlich, aber sehr sorgfältig jede Möglichkeit zu dienen darauf hin, was sie Dir bringt. Du erkennst nicht, daß diese Paranoia vor den Akt des Dienens gesetzt ist, um Dich davon abzuhalten, Dich aus der „Opfer-Haltung" im Leben zu befreien und wirklich kreativ zu werden. Wenn Du das schaffen willst, dann mußt Du einem Menschen und einem Zweck unter der Bedingung dienen, daß Du sicher sein kannst, gesteuert zu werden. Es gibt keinen anderen Weg. Du mußt aus Deinem Selbst ganz und gar geben, obwohl Du weißt, daß Dein Selbst begrenzt, leicht steuerbar und klein ist. Zu dumm! Du wirst darüber hinwegkommen, wenn Du weiter dienst. Wenn Du das tust, dann wirst Du durch die kurzlebige Zone der Erfahrung von „Nicht-Existenz" hindurchgehen, die der schmerzvolle Übergang von Wirkung hin zu Ursache ist.

Kapitel 7

Nicht-Existenz

Der Durchbruch kommt oft nach dem Zusammenbruch.

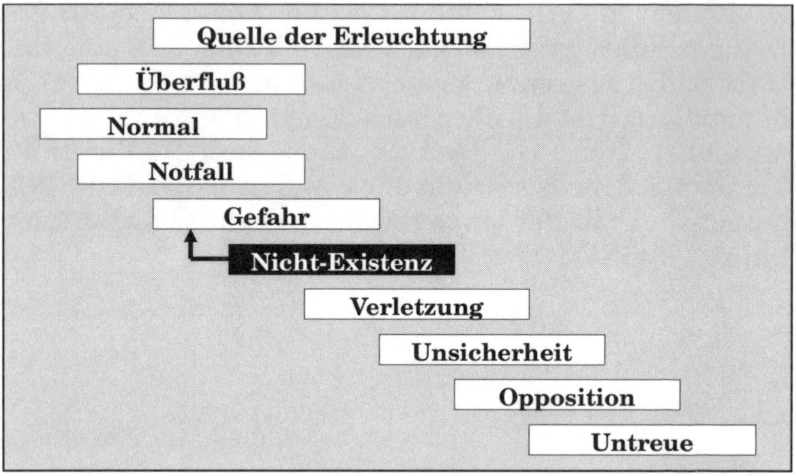

Auf allen Integritätsstufen unterhalb der „Nicht-Existenz"-Ebene existierst Du buchstäblich als eine Funktion der Bedingungen und der Umstände. Wenn diese Bedingungen und Umstände geändert würden, dann hättest Du kein Gefühl mehr für Deine eigene Identität in der Welt. Du denkst, daß Du Deine Hautfarbe bist, Deine gesellschaftliche und wirtschaftliche Klasse, Deine Erziehung, Deine „Vorlieben". Du existierst sogar als Funktion der Kleider, die Du trägst, und der Menschen, die Du kennst. Du existierst als eine Funktion der äußeren Bedingungen. Dir scheint, daß, wenn all das verschwinden würde, dann auch Du verschwinden würdest, zumindest das „Du", von

dem Du denkst, daß es aufhören würde zu sein, daß es sterben würde. Bei Ereignissen wie dem Zusamenbruch der Börse 1929, als einige Menschen viel Geld verloren, war eine übliche Lösung der Selbstmord. Diese Menschen haben sich frühzeitig in den Zustand der „Nicht-Existenz“ versetzt. Ich sage deshalb „frühzeitig“, weil sie ihn nicht gewählt hatten, sondern weil sie buchstäblich da hineingeworfen wurden durch die Wende in den wirtschaftlichen Umständen. Derjenige, der sich für einen Geschäftshai hielt, wußte ganz plötzlich nicht mehr, wer er war, nachdem seine Geschäftshai-Bedingungen zerstört worden waren. So hat er sich aus dem zehnten Stockwerk gestürzt, ohne seinen Tod zu bereuen, weil er in seinen Augen so oder so schon nicht mehr existierte; er existierte in einem neuen, ihm völlig unbekannten Zustand, der „Nicht-Existenz“.

Oberhalb der „Nicht-Existenz“ befindet sich auf der Integritätsskala das Reich der Ursache, in dem Deine Existenz nicht von dem Umständen abhängig ist, die Dein Leben bedingen, sondern von Dir selbst von einem Moment zum nächsten aus dem Nichts erschaffen wird. Das soll nicht heißen, daß es keine Bedingungen mehr in Deinem Leben gibt, es heißt lediglich, daß Deine Erfahrung des Selbst nicht aufgrund von Dingen, Umständen und Bedingungen konstruiert wird. Sie hängt weder von Deinem Geld noch von Deinen Kleidern oder Deinem Körper, weder von Deinen Freunden noch von sonst etwas ab, Diese Erfahrung wird von Dir ohne ersichtlichen Grund erschaffen. Im Reich der Ursache oder der Quelle (bedeutungsgleich) gibt es keinen Beweis dafür, wer Du bist, wenn Du Dein Selbst erschaffst. Es ist die reine Erschaffung, aus der heraus der Beweis so fließt, wie die Zeit vergeht. Wenn der Beweis aus dieser Erschaffung nicht fließt, dann gibt es keine wirkliche Erschaffung, sondern lediglich eine weitere raffinierte Äußerung von Täuschung der „Untreue“ — Du hast wieder gelogen.

Was sich unterhalb der „Nicht-Existenz“ befindet, kann genauso einfach beschrieben werden wie das, was sich oberhalb dieses Zustandes befindet; die „Nicht-Existenz“ selbst aber wird, und das liegt in ihrer Natur, mit Begriffen umschrieben, als ein Zustand, der weder unterhalb noch oberhalb seiner selbst liegt. „Nicht-Existenz“ ist demnach nur beschreibbar als etwas, das sie nicht ist, und nicht als das, was sie ist. Unterhalb der „Nicht-Existenz“ bist Du an das Leben als dessen Opfer gebunden. Auch oberhalb von „Nicht-Existenz“ bist Du an das Leben gebunden, aber als Schöpfer. In „Nicht-Existenz“ bist Du nicht an das Leben gebunden. Du bist nicht *unzufrieden*, weil das eine Funktion eines Opfers der Wirkung ist; tatsächlich bist Du sogar zufrieden, Du fühlst Dich jedoch distanziert, abgetrennt und unwichtig.

„Nicht-Existenz“ ist die Grauzone zwischen Wirkung und Ursache, zwischen Opfer und Schöpfer, und es ist äußerst schwierig, in dieser Übergangszone zu bestehen. Du wirst versuchen, hinauf zur Ursache oder wieder zurück in die Wirkung zu kommen, weil Du in der „Nicht-Existenz“ kein Gefühl für Deine Identität besitzt. Als Opfer hattest Du zumindest eine falsche Identität, und als Schöpfer hast Du Deine wahre Identität, in der „Nicht-Existenz“ jedoch hast Du gar keine.

Wenn Du also das Integritätsspiel mit mir spielst, dann wirst Du wissen wollen, wie Du auf der Skala nach oben kommen kannst. Es gibt auch hierfür eine Technik. Wenn Du das Reich der Ursache spürst, wirst Du zum erstenmal erkennen, daß Dein Leben eine echte Wirkung auf die Welt hat, und daß Du etwas beitragen kannst, was bedeutet, daß Du die Qualität des Lebens auf dieser Erde verbessern kannst. Als Du im Reich der Wirkung warst, hast Du nicht gewagt, davon auch nur zu träumen (falls doch, dann nur aufgrund der Täuschungen in der „Untreue“, als Du wußtest, daß Deine Träume ohne Hoffnung auf Erfolg waren). Wenn Du in das Reich der Ursache kommst, erkennst Du, daß Dein Traum, in dieser Welt etwas bewirken zu können, nicht nur ein Traum ist. Glanz und Stolz sind dahingeschmolzen, und Du beginnst zu begreifen, daß Du jede Rolle, die Du wählst, für Dein Selbst erschaffen kannst. Um aus „Nicht-Existenz“ hinauszukommen, setzt Du Dir ein Ziel, und Du beginnst, Dich diesem Ziel zu nähern. Dich Deinem Ziel nähern heißt erkennen, wie die Dinge in dieser Welt tatsächlich erreicht werden. Du gehst dann vorwärts zur Erfüllung Deiner Wahl. Um das zu schaffen, mußt Du Deine Vorstellung, wie etwas zu erreichen sei, transzendieren und erkennen, wie die Umstände *in Wahrheit* sind. Hör auf, „im Recht“ darüber zu sein, wie Dinge sein „sollten“. Erkenne, was gebraucht und gefragt ist, und dann ermuntere andere zur Teilnahme an der Beschaffung alles Nötigen. Der Schlüssel, mit dem Du andere dafür gewinnst, heißt Kommunikation. Wenn Du nicht kommunizierst, wirst Du die anderen nicht gewinnen. Damit Du aus der „Nicht-Existenz“ hinauskommen kannst, wählst Du ein Projekt, kommunizierst und stellst andere für Dein Projekt ein, für Dein „Spiel“ im Leben. Mein Projekt zum Beispiel ist das Schreiben von Büchern und das Erreichen von Lesern, die durch das Lesen der Bücher Wunder erschaffen. An der Tatsache, daß Du das jetzt liest, kannst Du erkennen, daß ich kommuniziert und Dich als Leser gewonnen habe. Es kann sein, daß mir das auf direktem Weg oder aber dadurch gelungen ist, daß ich kommuniziert und andere gewonnen habe, die ihrerseits wieder andere gewonnen haben und so weiter, bis schließlich Du das Buch gelesen hast. Tatsache ist, daß Dein Beitrag keinen wirklichen Unterschied bewirkt, solange Du nicht kommunizierst und damit andere gewinnst. Du mußt aus

Deinem Versteck herauskommen und Dein Selbst bekannt machen. Die Tage Deiner Anonymität sind gezählt.

Wenn Du an Integrität dazugewinnst, wirst Du einem Gefühl des Risikos und der Gefahr begegnen. Du wirst nicht länger in Watte gepackt sein, sondern das Risiko des Versagens eingehen. Aber denk daran, Du kannst nicht gewinnen, solange Du nicht riskieren willst, zu verlieren. Wenn Du auf die Integritätsebene der „Gefahr" gehst, begrüße das Risiko des Versagens als einen unvermeidbaren Schritt auf dem Weg, die Ursache für Kraft, Beitrag und Kreativität zu sein. Du wirst Deine verlorene Anmut wiedergewinnen; begrüße das kleine Risiko, begrüße eine *Menge* Risiken und grüße das Versagen, wenn es sich einstellt. Wer-Du-Bist ist unermeßlich größer als irgendein Versagen, und Deine Niederlagen sind Lektionen in der Lehre der Realität. Sie bereiten Dich auf den nächsten Durchbruch im Leben vor. Wenn das nicht die Wahrheit wäre, würde ich es niemals sagen! Der Durchbruch kommt oft nach dem Zusammenbruch.

Kapitel 8

Gefahr

Die Gefahr ist, daß Du versagst.

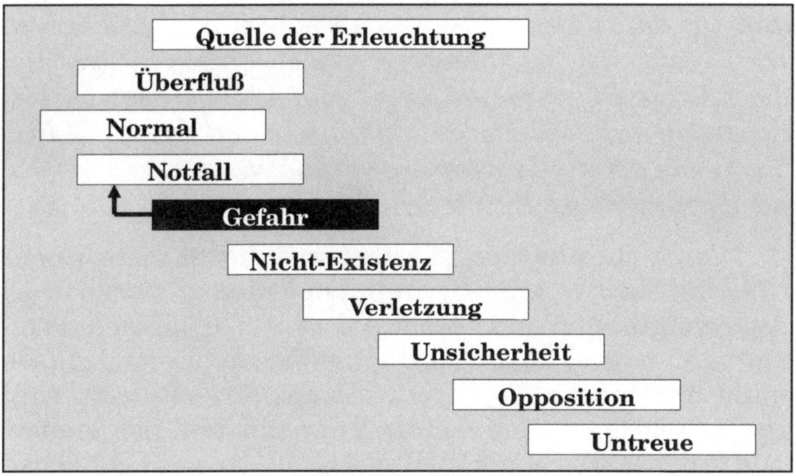

Wenn Du die „Nicht-Existenz" verläßt, wirst Du ein Projekt haben — eine Form, in der Du Dich selbst auf eine transformierte und zugleich transformierende Art ausdrücken kannst, eine Methode, die Qualität des Lebens zu verbessern und Dich mit anderen, die stark sind, zu verbinden als Deine einzige Chance, selbst stark zu werden. Du kannst Dir etwas zur Aufgabe machen, was Dein Einkommen steigert, oder Du stellst Deine Zeit freiwillig zur Verfügung und gestaltest Dein Projekt als ein Geschenk für die Transformation in unserer Welt. Egal, wie Du es machst, Du wirst sofort auf den Integritätsgrad der „Gefahr" stoßen. „Gefahr" ist das Land des Abenteuers und der wahren Gefahr. Die Gefahr ist, daß Du versagst. Du

wirst in jedem Fall Mißerfolge auf Deinem Weg haben. Du wirst unerreichbare Ziele setzen und feststellen, daß Du unmoralisch handelst, um Deine Ziele zu erreichen, oder daß Dein Projekt sich finanziell nicht selbst trägt und so weiter. Ich könnte hier eine endlose Liste aufzählen, mit der ich selbst sehr vertraut bin. Trotzdem trägt das Abenteuer den Sieg davon. Es ist immerhin Dein Projekt. Es gehört Dir. Du würdest dafür sterben; nicht zu erwähnen, daß Du dafür Dein gesamtes Vermögen opfern würdest. Die Gefahr also ist ein aufregender und notwendiger Teil des Spieles. Staunen und Angst sind willkommen. Du bist neugierig auf das, was die Zukunft bringt. Du wirst Probleme als genau die Momente erfahren, die Dich reizen, neue Entdeckungen zu machen.

Damit Du aus der „Gefahr" auf die nächste Ebene („Notfall") gehen kannst, mußt Du Deine unmoralischen Angewohnheiten und Verhaltensweisen loslassen und erkennen, wo und wann Du Dich selbst sabotierst, und Du mußt das ändern. Erst wenn Du das erreicht hast, wird Dein Projekt enorme Aufmerksamkeit auf sich ziehen, und die frenetischen Aktivitäten, die Du an Dich ziehst, werden Dich an einen Notfall-Raum erinnern. Dein Projekt wird fast zu heiß für die weitere Fortführung.

Kapitel 9

Notfall

Um den stürmischen Zustand von „Notfall" zu erreichen, mußt Du all Dein Versagen als perfekte Lektion anerkennen.

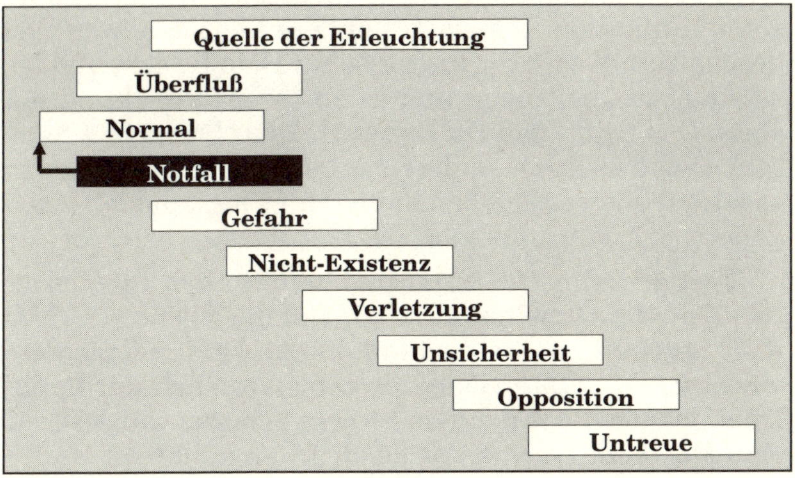

Um von der „Gefahr" zum „Notfall" zu kommen, mußt Du all Deine Mißerfolge als Lektion dafür akzeptieren, was im Leben ist und wie es funktioniert, damit Du Dein Projekt als repräsentativ für Dein Befreites Selbst gestalten kannst.

Im „Notfall" ist die Aktivität sehr stürmisch und schnell. Es ist schwer, Ziele auf einer Von-Tag-zu-Tag-Basis zu verfolgen. Trotzdem herrschen ein starkes Interesse am Projekt und zugleich ein Gefühl von Sicherheit und Befriedigung vor. Probleme werden als Herausforderungen erlebt und deren Lösungen im Kontext von Zusammenarbeit erkannt. Das Gefühl von Abneigung verschwindet, und die Zusammenarbeit tritt hervor. Auf dieser Ebene erkennst Du, daß all das, von dem Du dachtest, daß es Dich behindere, nichts anderes war als eine Reaktion auf Deine Treulosigkeit, eine Lektion in Realität und schließlich die richtige Lektion zur richtigen Zeit. Die Bösewichte verschwinden aus Deinem Leben. Tatsächlich gab es sie nie. Es gab nur Dich.

Um aus dem „Notfall“ herauszukommen, mußt Du für Dein Projekt werben. Die Essenz dieser Werbung ist die Kommunikation. Informiere andere über das, was Dich beschäftigt. Wecke ihr Interesse für Dein Projekt und lasse sie etwas beitragen und es zu ihrem Projekt zu machen. Das heißt, daß Du beginnst, Dein Projekt loszulassen, so daß es jedem anderen so gehören kann, daß er/sie es wiederum weitergeben kann, bis es letztendlich jedem gehört, der dafür offen ist.

Festige Deine Integrität und bereite Dich auf eine aktive Zeit vor. Du wirst Dich bald auf die Ebene von „Normal“ begeben, in den Zustand, in den Du hineingeboren wurdest. Der Unterschied besteht natürlich darin, daß Du damals nicht mit einem Projekt geboren wurdest, mit dem Du Deine Normalität ausdrücken konntest.

Kapitel 10

Normal

In „Normal" bist Du wieder da, wo Du angefangen hast, diesmal mit der Möglichkeit, Dich noch höher zu begeben.

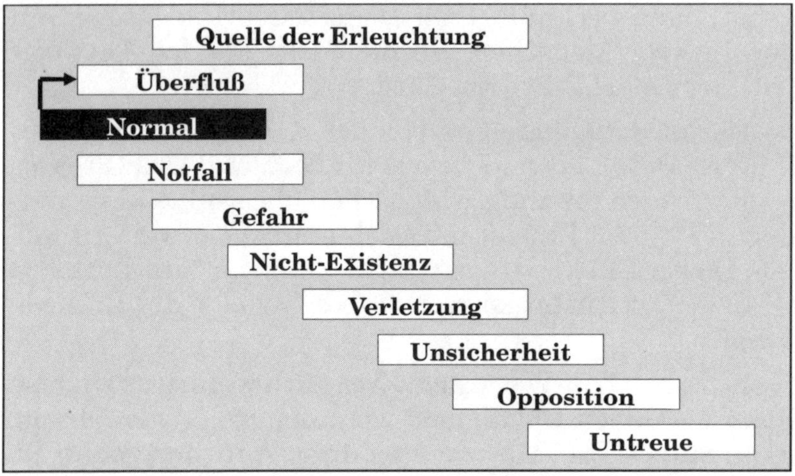

In „Normal" gedeiht Dein Projekt von selbst. Es erfüllt seinen Zweck, es trägt sich finanziell und benötigt keinerlei Werbung mehr zu seiner Aufrechterhaltung; es ist wahrhaft selbsterhaltend. Wenn Du Dich von Werbung und Expansion zurückziehst, dann verschwindet Dein Projekt nicht, es bleibt mindestens auf dem jeweiligen Niveau stehen, wenn es nicht sogar weiter expandiert. Du strahlst Begeisterung aus, und Du bewunderst die Menschen — alle Menschen.

Über „Normal" hinauszukommen, setzt Vertrauen voraus, weil Du in „Normal" hineingeboren wurdest und niemals einen höheren Grad der Integrität kennengelernt hast. Dieser Sprung über „Normal" hinaus ist üblicherweise das Ergebnis Deiner Beziehung zu einem Menschen, der diesen Sprung schon gemacht hat. Wenn Du erkennen kannst, daß dessen/deren Integrität über Deiner ist, dann kannst Du von diesem Menschen bewußt die Methode für die Bewegung nach oben erlernen. Bis einschließlich hinauf zu „Normal" hast Du Deine Integrität dafür verbraucht, Deine Individualität verantwortlich zu handhaben. Wenn Du nun über „Normal" hinausgehst, dann verknüpfst Du Deine Integrität innigst mit der anderer Menschen. An die Stelle des Ich-Entwurfs tritt der Du-*und*-Ich-Entwurf.

Der nächsthöhere Grad ist der „Überfluß". Im „Überfluß" ist Dein Leben nicht nur für Dich und Dein Projekt, sondern auch für andere Menschen übervoll, und sie werden in Deinem Projekt mitspielen und es erweitern wollen. Dieser Effekt wird verstärkt, wenn Du zum höchsten Grad der Integrität kommst, an die „Quelle der Erleuchtung".

Ein altes Zen-Wort sagt: „Wenn ich weiß, wer Du bist, dann werde ich Dir dienen; wenn ich weiß, wer ich bin, dann bin ich Du." Du erkennst diese Wahrheit, wenn Du über „Normal" hinauskommst.

Um das zu schaffen, mußt Du Dich selbst fragen: „Wie kann ich die Menschen, mit denen ich in Verbindung stehe, unterstützen?" Beantworte die Frage, und stehe zu Deiner Antwort. Vergiß Dich selbst als Individuum und werde Deine Gemeinschaft, Deine Organisation, Deine Welt. Kümmere Dich nicht um Dein Überleben als Individuum. Interessiere Dich nur für das Wohlergehen anderer, genauso, als ob sie Du seien. Sie sind Du.

Kapitel 11

Überfluß

In „Überfluß" ist das Leben eine Du-und-ich-Erfahrung. Jeder, der Dir verbunden ist, gewinnt. Es gibt keine Verlierer.

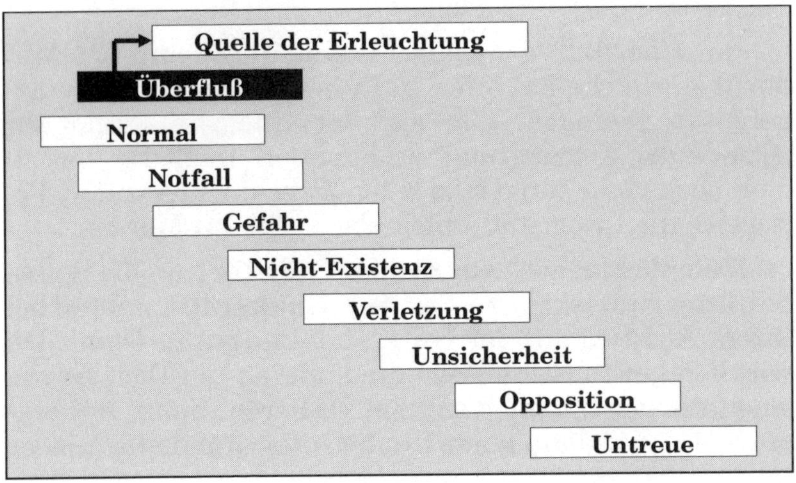

Wenn Du in Deiner Integrität über „Normal" hinauskommst, betrittst Du Neuland. Dies ist ein höherer Integritätszustand als der, in den Du hineingeboren wurdest. Du wurdest in eine Welt des Mangels hineingeboren, in der so fest geglaubt wird, daß die Dinge knapp sind, daß niemand darüber nachdenkt. Wir denken nicht: „Die Dinge sind knapp." Alle unsere Gedanken gehen von der Voraussetzung aus, die da heißt: „Die Dinge sind knapp." Wir „wissen", daß es nicht genug zu essen gibt auf der Welt, und wir sind sicher, daß, wenn ein Mensch reich wird,

andere dafür arm werden müssen. Wir glauben sogar, daß die Energie knapp ist!

Im „Überfluß" wirst Du von der Offensichtlichkeit überwältigt, daß es keinen Mangel gibt. Dein Projekt fängt an, sich derart auszuzahlen, daß jeder, der daran beteiligt ist, gewinnt, und daß es buchstäblich, was Dein Projekt betrifft, keine Verlierer im Universum gibt. Du wirst heiter und dankbar. Das Leben ist ein Zauber. Du begrüßt Probleme, und Deine Hingabe an das Leben ist die Lösung dieser Probleme.

Im „Überfluß" gewinnst Du eine ungeheure Klarheit darüber, welche Faktoren in Deinem Projekt welche Ergebnisse bedingen. Um auf der Integritätsskala zur „Quelle der Erleuchtung" zu kommen, mußt Du von all dem noch mehr tun: Habe einen Zweck. Unterstütze. Festige Deine Integrität. Spiele das Spiel mit Moral.

Es fehlt nun noch ein Element, um Dich an die Spitze der Integritätsskala zu bringen: Unterstütze andere bei ihrem Aufstieg auf der Leiter der Integrität. Damit Du wirklich gewinnst, müssen die anderen um Dich herum ebenfalls gewinnen. Wenn sie verlieren, dann verlierst auch Du, und dann wirst Du die Integritätsleiter wieder hinabfallen.

Kapitel 12

Quelle der Erleuchtung

An der Spitze ist Platz für Dich. An der Spitze ist Platz für alle.

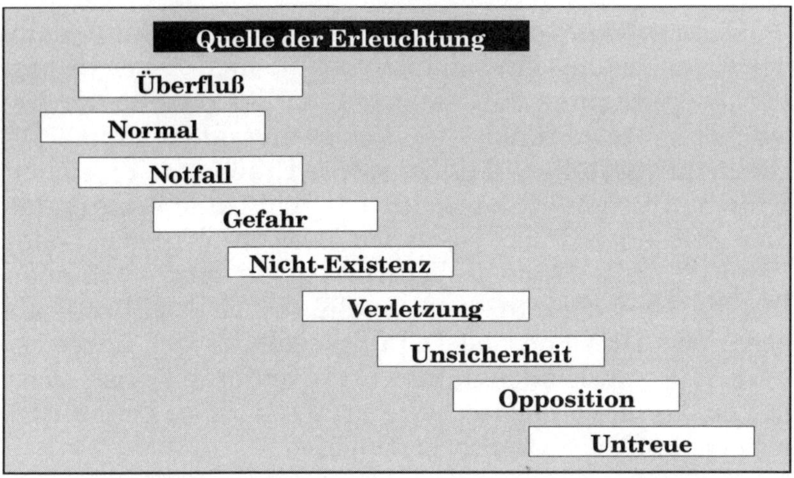

An der „Quelle der Erleuchtung" ist das Leben magisch. Du erreichst die gewünschten Ergebnisse mehr oder weniger mit einem Wink Deiner Hand. Menschen kommen und gehen auf Deinen ausdrücklichen Wunsch. Sie dienen Dir, was auch immer Du wünschst. Du wirst bewundert, geachtet und geliebt. Das ist der höchste Gewinn der Erleuchtung.

Ich behaupte nicht, daß das Leben von nun an ein Zuckerschlecken ist. Das ist es nicht. Es ist magisch. Sowie Deine Integrität wächst, wirst Du Dir der Verantwortung bewußt, die Du auf dieser Welt hast. Wenn Deine Kraft zunimmt, wächst Dein Gefühl für Verantwortung. Das ist das Wesen des Prozesses. Deshalb wird, wenn Du einmal die „Quelle der Erleuchtung“ erreicht hast, das Durcheinander, in dem sich die Welt befindet, zu Deinem eigenen Problem. Du kannst nicht mehr sagen: „Ich bin zu klein und zu schwach, um daran etwas ändern zu können.“ Durch die Kraft, die andere Menschen Dir an der „Quelle der Erleuchtung“ geben, bist Du nicht länger nur „klein“. Du bist Deinem Befreiten Selbst sehr nah. Du bist nicht nur ein betroffener Bürger, sondern handelst effektiv.

Es ist schwer vorstellbar, wie das Leben an der „Quelle der Erleuchtung“ ist, solange man sie nicht erreicht hat. Vorher erscheinen die Menschen an der „Quelle der Erleuchtung“ wie Steuer-Künstler, denn anders kannst Du Dir nicht vorstellen, daß *Du* solche Ergebnisse erreichen kannst. Tatsächlich bezweifle ich, daß Du überhaupt bis hier gelesen hättest, wenn Du Dich in „Untreue“ oder „Opposition“ befändest. Wenn das so ist, dann erscheinen Dir die Menschen an der „Quelle der Erleuchtung“ als böse. Was Du siehst, ist Dein Spiegelbild. Das Leben ist immer so — was auch immer Du in anderen siehst, es ist in Dir. Wenn es negativ scheint, dann ist es genau das, was Du bei Dir zu verbergen suchst.

Das Leben sollte für jeden so sein, wie es an der „Quelle der Erleuchtung“ ist. Ganz oben ist viel Platz. Es ist die Natur dieses Spieles, das Transformationsspiel genannt wird, daß es genügend Platz für jeden an der Spitze der Integritätsskala gibt.

BUCH III

DIE TECHNOLOGIE DER KREATIVITÄT

Dieses kurze Buch solltest Du sorgfältig studieren und zu bestimmten Zeiten immer wieder lesen. Da Du die Technik der Kreativität nicht kennst, erfordert diese Information Deine größte Aufmerksamkeit. In Wahrheit ist alles sehr einfach, und später einmal wird es Dir offensichtlich erscheinen.

Ich möchte Dir die Fähigkeit verleihen, Ideen zu verursachen. Wenn ich Dich einfach nur mit verschiedenen Ideen, die funktionieren, allein zurücklasse, dann habe ich mein Ziel verfehlt. Ich will, daß Du selbst die Quelle der Ideen in Deinem Leben wirst. Sie sollen zu Deinen Ideen werden. Du wirst Dich selbst als die Quelle dieser Ideen erleben. Außerdem will ich, daß Du Ideen aus dem Nichts hervorbringen kannst. Dafür muß etwas erhellt werden, was bereits in Dir steckt.

Zu jedem Thema im Leben entwickelt unser Verstand Standpunkte. Oft sind diese Standpunkte widersprüchlich innerhalb desselben Verstandes. Wenn andere Menschen dazukommen, gibt es immer Konflikte. Du hast eine bemerkenswerte Fähigkeit, die Wahrheit zu empfangen. Wenn Du sie empfängst und sie zum Standpunkt wird, ist sie damit nicht länger etwas, das Du als Idee verwerten könntest, sondern etwas, das Du vor anderen und vor Dir selbst verteidigen mußt. Die Kräfte in Deinem Verstand sind also darauf ausgerichtet, in einem Konflikt Energie zu verschwenden. Diese Bedingung fußt auf dem grundsätzlichen Konzept, daß es zu jedem Thema einen „richtigen" Standpunkt gibt. Es gibt nur einen Weg, Deinen Verstand von dieser Bedingung zu befreien, und der ist, daß Du das grundlegende Konzept, daß es einen „richtigen" Standpunkt zu jedem Thema gibt, einfach fallen läßt. Dadurch wird eine Bedingung in Deinem Verstand erschaffen, durch die alte Konflikte zu gegenseitiger Unterstützung und nährendem Wissen transformiert werden. Unter dieser Bedingung sind funktionierende Ideen für Dich immer erreichbar. Man kann das als die Kreation eines Kontextes zur Entwicklung von Ideen bezeichnen.

Keiner von uns hat einen Extraplatz auf dem Markt der Ideen. Ideen sind da, und sie sind für Dich erreichbar. Sie warten nur darauf, daß Du den richtigen Kontext erschaffst, in dem sie sein können. Dadurch, daß Du dieses Buch liest, zeigst Du Deine Fähigkeit, Ideen zu haben. Wenn Du nicht bereit wärest, die Kräfte in Deinem Verstand neu zu ordnen, dann wärest Du beim Lesen über die Einleitung nie hinausgekommen.

Die geometrische Darstellung der Neuordnung der Kräfte, die jetzt noch in Deinem Verstand den Raum für Ideen *besetzt halten*, sieht so aus:

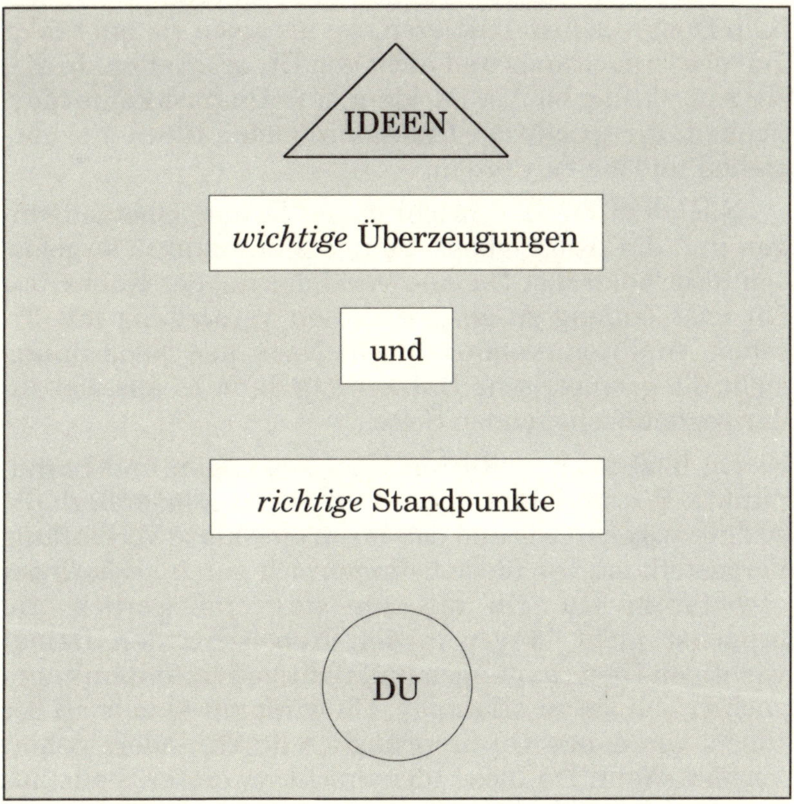

Der untere Kreis stellt Dich dar, das Dreieck darüber die endlose Versorgung mit Dir verfügbaren Ideen, unter der Voraussetzung, daß Du bereit bist, Deinen Verstand neu auszurichten und einen Raum zu schaffen, in dem Ideen in Deinem Bewußtsein existieren können. Du hast bei dieser Anordnung keinen direkten Zugang zu den Ideen. Alle Wege sind durch „wichtige" Überzeugungen und „richtige" Standpunkte blockiert. Dadurch, daß Du Deine Überzeugungen für wichtig und Deine Standpunkte für richtig (und als einzige legitimiert hältst), hältst Du an der alten Ausrichtung fest. Du hältst an dem Konzept fest, daß Deine Überzeugungen und Standpunkte außerhalb Deiner selbst existieren, so, als seien sie ein realer Teil des Universums und nicht von Dir erschaffen. In dieser Anordnung bleibst Du klein, und Du hast keine Möglichkeit, die Quelle der funktionierenden Ideen einzubeziehen und sie zu werden.

Nachdem Du die „Wichtigkeit" Deiner Überzeugungen und die „Richtigkeit" Deiner Standpunkte losgelassen hast, bemerkst Du eine Veränderung des Kontextes. Du hast Zugang zu einer endlosen Versorgung mit frischen, funktionierenden Ideen. Nach der Neuordnung sieht die geometrische Darstellung dann so aus wie auf der gegenüberliegenden Seite.

Du hast auch weiterhin Überzeugungen und Standpunkte. Sie sind jetzt *in* Dir und nicht mehr außerhalb, so daß zwischen Dir und den Ideen eine klare Verbindung hergestellt ist. Die Ideen befinden sich nun *innerhalb* des erweiterten Du. Du bist für sie verantworlich. Du brauchst nicht länger in den Nebelschwaden Deiner wichtigen Überzeugungen und richtigen Standpunkte zu suchen, um sie zu erkennen. Du wirst zur Quelle all der Ideen, von denen Du ursprünglich durch andere gehört hattest. Wenn Du diese Ideen nicht an erster Stelle aus dem Nichts erschaffen könntest und sich Dein Verstand noch in der alten Anordnung befände, dann wärst Du überhaupt nicht in der Lage, sie zu erkennen, selbst wenn

Dich jemand mit der Nase darauf stoßen würde. Die Kräfte Deines Verstandes, (wichtige Überzeugungen und richtige Standpunkte) würden das nicht zulassen.

Sobald Dein Verstand neu geordnet ist, gibt es buchstäblich keine Idee, die Du nicht haben kannst. Du wirst zur Quelle der Ideen, und Du weißt: Ideen regieren die Welt. Wenn Du bereit bist, auch andere als Quelle von Ideen zu erleben, dann wirst Du nicht länger an der Illusion Deiner eigenen Wichtigkeit kleben. Du kannst die Neuausrichtung des Selbst bewirken, indem Du Ideen produzierst und über sie mit anderen Menschen kommunizierst. Wenn Du mit den anderen kommunizierst in dem Wissen, daß sie die Quelle Deiner Ideen sind, dann gibst Du ihnen damit die Möglichkeit, sich selbst als Quelle zu erfahren. Es geschah genau so in der Geschichte der Menschheit. Die großen Entdeckungen und die starken Bewegungen waren Ideen, deren Zeit gekommen war oder, um es anders zu sagen: Menschen hatten diese Ideen erschaffen.

Wenn Menschen auf sich selbst bezogen und nicht verantwortlich für das Ganze sind, dann geschieht nichts von Bedeutung, höchstens aus Versehen. Organisationen von Verwaltungen sind ein wunderbares Beispiel für die Selbstbezogenheit von Menschen, die nicht verantwortlich für das Ganze sind. Niemand ist verantwortlich. Den schwarzen Peter hat immer jemand anders. Wenn alle Menschen als Individuen die volle Verantwortung tragen, dann geschehen Wunder. Jeder Mensch fühlt sich dann verantwortlich für das Ergebnis dessen, womit auch immer die Organisation gerade beschäftigt ist.

Dies ist die Zeit für die Erleuchtung der Welt. Die Transformation der Welt geschieht jetzt. Die Methode für die Verursachung einer Idee, deren Zeit gekommen ist, ist selbst eine Idee, deren Zeit gekommen ist. Das ist die Technologie der Transformation.

BUCH IV

BEZIEHUNGEN

Eine Beziehung ist dann transformiert, wenn Du einen Kontext für die Transformation dieser Beziehung erschaffst. Das setzt voraus, daß Du „siehst", daß die Beziehung transformiert ist, besonders dann, wenn es in Deiner Beziehung nichts mehr gibt, was Du gutheißt. Der Kontext für eine Transformation wird ausschließlich dadurch geschaffen, daß er in Betracht gezogen wird.

Kapitel 1

Der Verlauf einer nicht transformierten Beziehung

Eine nicht transformierte Beziehung spiegelt sehr genau die Bedingungen der Welt wider, aus der sie gekommen ist.

Normalerweise versuchen wir, funktionierende Beziehungen mit besonderen, anderen Menschen zu gestalten, mit „dem / der einen", dieser ganz speziellen Person, von der wir glauben, daß sie uns vollständig und zufrieden macht. Was wir darüber sagen, (und das ist wahrhaft entwürdigend) ist, daß es nicht ausreicht, daß dieser Mensch herumläuft, sondern daß es besser sei, wenn wir sie / ihn durch Versprechen oder gar Schwur in eine Beziehung mit uns einbinden, so daß, wenn sie / er auf die Idee kommen sollte, sich einem anderen Menschen hinzugeben, sie / er das nicht können wird, ohne ihre / seine Vereinbarung zu brechen. Das entspringt einer Entweder-Oder-Haltung, aus der heraus ein Mensch entweder den anderen „hat" oder aber der andere ihn „hat". Diese Haltung erlaubt nicht, daß ein Mensch gewinnt, ohne daß ein anderer dafür verliert. Sie ist die Ursache der Eifersucht und verantwortlich für Besitzanspruch und Unsicherheit in Beziehungen. Sie ist die grundlegendste Ursache überhaupt dafür, daß diese „speziellen" Beziehungen nicht funktionieren.

Zu Beginn solch „spezieller“ Beziehungen hat jeder Mensch unendlich viel, das er/sie einbringen kann und das der/die andere in gleichem Maß besitzt. Das geschieht außerhalb von Zeit und Raum, ist logisch und nicht beweisbar. Es ist als Wahrheit so wahr, daß es keines Beweises bedarf. Hier erfolgt der Auftritt des Verstandes, dieser so wunderbar logischen Maschine. Der Verstand überblickt die Lage, merkt an, daß der Körper des anderen endlich sei und grenzt damit die Erfahrung des Gegenübers ein. Dadurch, daß er den/die andere(n) als eine Verstand-Körper-Maschine mißdeutet, versucht er nun diese Verstand-Körper- Maschine in ein System von Übereinkünften einzubinden, das dazu geschaffen ist, den/die andere(n) für den späteren Gebrauch einzufangen. Das ist der Untergang der „speziellen“ Beziehung: Du kannst nicht eigentlich das bekommen, was Du brauchst und nicht bereit bist, nicht zu haben. Wenn die Beziehung so ist, daß die Menschen an sie durch die Vereinbarung gekettet sind, in dieser Beziehung zu sein, und wenn dadurch das Moment der freien Wahl nicht länger gegeben ist, dann nennen wir diese Beziehung eine „Falle“. Mit dem/der anderen verbunden zu sein, wird zum Schmerz und wird zur Pflicht, und die Flucht in die Phantasie wird angetreten. Die Sehnsucht nach anderen überflutet Dich mit hohen Wellen, und je unerreichbarer die anderen für Dich werden, desto stärker werden die Gezeiten. Deine Ablehnung ist die Folge davon, daß Du Deine Wahl bereust, und Deine einstmals so spezielle Beziehung ist ein einziges Opfer.

Es ist wichtig, daß Du erkennst, daß es immer zwei Positionen (Position-Opposition) in diesem Spiel gibt, und daß, sobald einer einen Standpunkt eingenommen hat, dieser im Verstand des anderen mit geradezu *mechanischer Zuverlässigkeit* einen Widerstand erzeugt. Die eine Position ist die des Verführers, und die andere Position ist die des Verführten. Es macht keinen wirklichen Unterschied, welche Position Du gerade besetzt hältst (die Positionen werden andauernd ausgetauscht), weil auf der einen wie auf der anderen Seite dieselben grundlegenden Bedingungen herrschen: Verzweiflung, Unzufriedenheit, Wut und ein Gefühl des drohenden Unterganges.

Kapitel 2

Die transformierte Beziehung

Das Geheimnis der Erschaffung einer transformierten Beziehung liegt in der Bereitschaft, die Lebenskraft zu sein, innerhalb derer die Beziehung existiert, und dem Loslassen davon, immer nur Deine eigene Position in der Beziehung durchsetzen zu wollen.

Soviel also zur Beschreibung spezieller Beziehungen, die nicht funktionieren. Ich möchte Dich jetzt auf den erleuchteten Weg einladen, auf dem Du Beziehungen haben kannst, die Dir Freude und Befriedigung bringen. Um das zu erreichen, mußt Du die Vorstellung aufgeben, Du seist ein Individuum in einer Beziehung. Du mußt Dich selbst als die Beziehung und Deine Individualität nur als einen Standpunkt innerhalb dieser Beziehung erkennen. Das wird Dich aus der Positions-Oppositions-Beziehung befreien, und Du wirst den Preis dafür zahlen, daß Du mit Deinen Meinungen und Urteilen nicht mehr recht hast. Wenn eine Entscheidung über ein Thema gefällt wird, dann bist Du nicht länger darin gefangen, Deine Position zu verteidigen. Du wirst frei zu beobachten, was Position und Sichtweise der Beziehung sind, d. h., was die Beziehung funktionieren läßt, anstelle dessen, was Dir recht und dem anderen unrecht gibt. Ich nenne das: sich der Beziehung hingeben. Wenn Du Dich hingibst, dann gibst Du einfach auf, und Du sagst etwas, das sich ungefähr so anhört: „Ich vertraue dieser Beziehung ganz, sie soll mir sagen, was zu tun ist, und ich werde es tun." Dich hinzugeben bedeutet, daß Du Deine Angst, nicht zu überleben und das generelle Mißtrauen, das diese Angst hervorruft, aufgibst. Das bringt Dich der Erfahrung, der Kontext Deiner Beziehung zu sein, sehr nah, und es ist der nächste Schritt, nachdem Du Dich selbst als die Beziehung kennengelernt hast. Wenn Du Dich der Beziehung hingibst, dann wirst Du erkennen: Du bist die Lebenskraft, durch die die Beziehung existiert. Wenn es Dir gelingt, diese grundlegende Veränderung Deiner Erfahrung zu machen, das heißt von der Individualität über Deine Beziehung hin zu der Lebenskraft zu gelangen, innerhalb derer Beziehung und Individualität existieren, dann wirst Du zum Kontext nicht nur Deiner Beziehung mit einem Menschen, sondern auch zum Kontext der Beziehungen dieses einen mit allen anderen Menschen. Du erreichst das, indem Du die Beziehungen des anderen erlaubst und ihm Deinen Segen gibst, so daß, egal wieviel Freude es in diesen Beziehungen geben mag, Du sie als Deine eigene Freude erlebst. Offensichtlich haben Eifersucht und Besitzanspruch keinen Platz in transformierten Beziehungen, es sei denn, daß sie so gehandhabt werden, daß sie die Beziehung bestätigen und etwas zu ihr beitragen.

Ich behaupte nicht, daß es überhaupt keinen Platz für Eifersucht und Besitzgier in einer transformierten Beziehung gibt. Der Verstand ist eine simple Maschine. In dem Moment, in dem ein Gefühl wie Eifersucht aufkommt, ist es bereits zu spät für Dich, etwas daran zu ändern. Weil wir in kontinuierlichen, aufeinanderfolgenden Momenten des Jetzt leben, ist in dem Moment, in dem Du eifersüchtig bist, die Eifersucht das, was Du hast. Die einzige Wahl, die Du hast und jemals haben wirst, ist die Art, wie Du mit Deiner Eifersucht umgehst. Die simple Maschine Verstand hat nur drei Möglichkeiten, mit der Eifersucht umzugehen: 1) „sie ist schrecklich“, 2) „ich mache mir nichts daraus“ und 3) „sie ist wunderbar“.

Ich schlage vor, daß Du eine Wahl hast, und darüber hinaus schlage ich vor, daß die einzig funktionierende Wahl die ist, daß Du sagst: „Sie ist wunderbar.“ Die Gründe dafür kannst Du Dir selbst aussuchen, weil sie unwichtig sind, auch wenn sie Deine Wahl unterstützen. Grundsätzlich wählst Du eine der drei Möglichkeiten durch ein magisches In-Betracht-Ziehen: Eifersucht ist wunderbar, wenn Du sagst, daß sie so ist, und sie ist nicht wunderbar, wenn Du sagst, daß sie es nicht ist. Du siehst, daß, wenn Du die Wahl getroffen hast, Deine Eifersucht wunderbar ist. Wenn Du sehr eifersüchtig bist, dann hast Du viel Wunderbares in deiner Beziehung.

All das aktiviert Deine Ängste vor Verlust und Tod. Es reaktiviert all den Verstandesmüll, der Eifersucht als angemessen erscheinen läßt. Es reaktiviert darüber hinaus die Gründe, aus denen heraus Menschen „ehrlich“ (gefangen) zueinander sein *sollten*.

Wenn Du und ich eine Beziehung miteinander haben und wenn ich der Kontext bin, innerhalb dessen Deine Beziehungen zu anderen Menschen stattfinden, wie kann ich Dich dann jemals verlieren? Es kann sein, daß Du für immer mit mir zusammenbleiben willst, aber wenn das nicht so ist, wohin in diesem Universum kannst Du gehen, an welchen Ort, der genügend weit weg ist, daß ich Dich oder Du mich, daß wir uns nicht mehr lieben können? Ich kann in unserer Beziehung nur soviel Kummer erfahren, wie ich glaube, Dich zu besitzen oder ein Recht darauf zu haben, über Deinen Lebensweg zu bestimmen, wodurch ich selbst an die Form unserer Beziehung gefesselt wäre. Wenn ich bereit bin, in meiner Beziehung mit Dir vollständig zu sein, was dasselbe bedeutet, wie innerhalb meiner selbst vollständig zu sein, dann kann ich Dich in der jetzigen Form der Beziehung aufgeben und jede andere Form lieben, die danach kommt, auch wenn Du über tausend Meilen wegziehst und mit einem anderen Menschen zusammenlebst. Wenn Du an jemand anderem interessiert bist, während Du mit mir zusammen bist, dann kannst Du Dich darauf verlassen, daß ich für mich aus diesem Umstand Freude und Befriedigung ziehe. Es ist sogar so, daß die Freude und Befriedigung, von denen Du annimmst, daß sie „Deine" seien, auch meine sind, weil ich die Lebenskraft bin, innerhalb derer Dein Leben stattfindet. Ich kann wirklich sagen: „Ich liebe Dich." Nicht als Anspruch auf Anbindung und Bedarf oder gar, um zu beweisen, wie großartig ich bin, sondern schlicht als eine Feststellung der Wahrheit. Ich liebe Dich.

Kapitel 3

Erfolgreiche und erfolglose Beziehungen

Ohne Transformation und Ziel wird jede erfolgreiche Beziehung erfolglos.

Als Bewohner dieser Welt kannst Du Dir nicht aussuchen, ob Du eine Beziehung haben willst oder nicht. Auch wenn Du als Einsiedler in der Wildnis leben würdest, hättest Du eine Beziehung zu anderen, eine, die in Dir, dem Zuhause aller Beziehungen, existiert. Weil ich davon ausgehe, daß Du eine Beziehung haben mußt, werde ich Dir die zur Wahl stehenden Möglichkeiten zeigen.

Es gibt zwei Arten von Beziehungen: die, die sich um den Erfolg drehen, und die, die sich um die Kraft drehen. Für die Beziehungen, die sich um Erfolg drehen, gibt es wieder zwei Unterteilungen: die, die erfolgreich sind, und die, die nicht erfolgreich sind. Wir haben also: 1) erfolgreiche Beziehungen, 2) erfolglose Beziehungen und 3) starke oder stärkende Beziehungen.

Erfolgreiche Beziehungen

Das höchste Ziel von Beziehungen, die sich um den Erfolg drehen, ist die Bewältigung des physikalischen Universums, was soviel heißt wie überleben, vorzugsweise in Stil und Komfort, in jedem Fall aber überleben um jeden Preis. In Amerika sind diese Beziehungen durch die Kreditkarte gekennzeichnet. Egal wie gut das Überleben gemeistert wird, es wird nie gut genug sein, denn das Ziel der Beziehung heißt Erfolg, nicht das Erreichen des Erfolges, sondern das Danach-Suchen. Die Erkenntnis, Erfolg gehabt zu haben, ruft ein tiefes Gefühl von Sinnlosigkeit hervor, und deshalb wird die Kreditkarte als Garant für das Fortbestehen des Erfolg-Spieles genutzt. Unglaubliche Schulden werden angehäuft. Die Höhe des Einkommens liegt nie über der Menge der Ausgaben.

Auf der unpersönlichen Ebene ist das Ziel, der Form zu folgen. Um der Form folgen zu können, schätzt die Beziehung solche Beziehungsformen, die in der jeweiligen Kultur die meiste Anerkennung finden, und sie wetteifert mit diesen Formen, indem sie bei der Auswahl der Form immer die am meisten anerkannte wählt. Man lebt in einem Vier-Zimmer- Haus und fährt einen gewöhnlichen Markenwagen (oder eine ungewöhnliche Marke). Man hat Kinder, wenn das üblich ist, oder keine Kinder, wenn das üblich ist, man ist verheiratet oder lebt einfach nur zusammen, wenn das „in" ist. Die äußeren Formen können sich mit der Zeit ändern, von Generation zu Generation. Das Streben nach der Form ändert sich nie.

Was andere Menschen betrifft — Familien, Organisationen oder die Welt im ganzen —, so besteht wenig Verbundenheit außer in den Bereichen, in denen erfolgreich manipuliert werden muß. Eine erfolgreiche Beziehung mit Kindern und Familie durchlebt schwere Zeiten, weil es eine klare Grenzlinie um die Beziehung gibt mit dem Stempel: „Wir zuerst."

Das Leben in einer erfolgreichen Beziehung ist Kampf, weil das Spiel niemals vollendet ist — die Beziehung hat niemals genügend gut überlebt oder Erfolg gehabt. In solchen Beziehungen gibt es ein Gefühl von Opfer und Verpflichtung, das auch der perfekteste Urlaub nicht auslöschen kann. Kritisch dabei ist, daß es weder einen Zweck für, noch einen Beitrag zur Welt oder wenigstens zu den eigenen Kindern gibt. Es existiert kein Gefühl dafür, daß die Beziehung einen Unterschied machen kann. Sie dreht sich um sich selbst. Die beiden Menschen sind ausschließlich aufeinander konzentriert. Es ist sogar so, daß sich jeder Einzelne ausschließlich auf sich selbst konzentriert und verzweifelt versucht, dem Partner ergeben zu sein oder zumindest so zu scheinen.

Diese klare Grenzlinie um die Beziehung ist wie ein Zaun, über den hinweg man sich nach anderen sehnt und nach immer grüneren Wiesen sucht. Über diesen Überlebens-Zaun hinweg betrachtet erscheinen alle anderen Wiesen grüner als die eigene, alle anderen Menschen attraktiver, mehr sexy, gepflegter, charmanter und aufregender als der eigene Partner. Es mag sein, daß man sich nicht seinen Wünschen entsprechend verhält und flüchtige Beziehungen eingeht, aber die Sehnsucht danach besteht immer. Es gibt keine Hoffnung, daß diese Sehnsucht verschwindet.

In den Grenzen der Beziehungen wird das Spiel sehr oft zum Überlebens-Spiel, zu einem Du-oder-Ich-Erleben des eigenen Partners. Es lautet ungefähr so: „Da ich in und mit dieser Beziehung keinen Unterschied bewirken kann, werde ich dafür sorgen, daß Du es ebenfalls nicht kannst." Die grundlegende Sehnsucht aller Menschen, etwas beizutragen in einer erfolgreichen Beziehung, stirbt und man macht den eigenen Partner dafür verantwortlich, allerdings nicht ganz, denn eine Regel in erfolgreichen Beziehungen lautet, daß jeder zu 50% die Verantwortung trägt. Deshalb ist es so schwer, dem eigenen „Anteil" an den Problemen, die in der Beziehung entstehen, zu entkommen. Das übliche Ergebnis ist ein Schuldgefühl, welches das Hauptmerkmal für den Übergang einer erfolgreichen in eine erfolglose Beziehung ist.

Man kann behaupten, daß jede erfolgreiche Beziehung auf dem besten Weg ist, eine erfolglose Beziehung zu werden; es braucht nur eine gewisse Zeit. Wenn Du

Dir die grundlegenden Voraussetzungen für eine erfolgreiche Beziehung ansiehst — 1) unsere Beziehung macht keinen Unterschied in der Welt, sie trägt zu nichts bei, 2) Zweck unserer Beziehung sind Geldverdienen und Konsumieren von Waren, und 3) es gibt eine klare Linie um unsere Beziehung, die nicht überschritten werden darf — dann wirst Du erkennen, daß alle erfolgreichen Beziehungen auf Dauer zu erfolglosen Beziehungen werden.

Erfolglose Beziehungen

Erfolglose Beziehungen sind ehemals erfolgreiche Beziehungen. Sie haben so lange bestanden, daß der natürliche, den erfolgreichen Beziehungen inhärente Prozeß ablaufen konnte. Die erfolglose Beziehung ist sozusagen aufgeblüht, und das, was in der erfolgreichen Beziehung schon immer latent vorhanden war, kommt (für alle deutlich sichtbar) an die Oberfläche. Die Ziellosigkeit und der fehlende Beitrag, der Umstand, daß kein Unterschied bewirkt wurde, all das wird zu offensichtlich für eine längere Verheimlichung. Die Offensichtlichkeit der Umstände führt jedoch nicht zwingend dazu, daß sie zur Kenntnis genommen werden — meistens ist das nicht der Fall. In ihrem üblichen Verlauf tritt die Beziehung in eine dramatische Phase ein, die durch ein Verhalten offener oder verdeckter Feindschaft gekennzeichnet ist. Die Feindschaft ist eine Reaktion auf die Nutzlosigkeit der Beziehung. Auseinandersetzungen werden die übliche Reaktion auf Meinungsverschiedenheiten. Irrationale Eifersucht entflammt, und Besitzanspruch, Machtanspruch und Kontrolle ersetzen Gegenseitigkeit und Eins-Sein. Tatsächlich hatten Gegenseitigkeit und Eins-Sein von Beginn an in der erfolgreichen Beziehung nicht bestanden, aber jetzt verschwindet sogar die Vortäuschung von beidem.

An diesem Punkt denkt einer oder denken beide daran, die Beziehung zu beenden. Da uns unsere Kultur wie alle Kulturen an vorgeschriebene Formen bindet, ziehen sich die meisten Beziehungen, die diesen Punkt erreicht haben, noch eine Weile hin, bevor es zu einer endgültigen Lösung kommt. Die Lösung kann manchmal ein Leben lang aufgeschoben werden, — manche Menschen leben ihr Leben lieber unter derartigen Bedingungen, in dem festen Glauben, daß alle Beziehungen so seien. Es gibt einen populären, landesweiten Cartoon namens „The Lockhorns" („Die Streithammel"; to lock horns: die Hörner ineinander verkeilen, Anm. d. Übers.), der jeden Morgen im San Francisco Chronicle erscheint. Die Botschaft von „The Lockhorns" lautet, daß Beziehungen nicht funktionieren, das Beste, worauf Du hoffen kannst, sei, jemand zu haben, mit dem Du zusammenleben kannst, und Beziehungen machten keinen Unterschied.

In unserer Kultur wird die Scheidung zunehmend als Ausweg aus einer erfolgreich-erfolglosen Ehe gewählt. Menschen verschwenden Jahre ihres Lebens mit der Rechtfertigung, warum sie den anderen verlassen haben.

Die Transformation ist eine andere Möglichkeit der Beziehung. Darüber jedoch später.

Es gibt die dritte Möglichkeit, eine Beratung in Anspruch zu nehmen oder in anderer Form an der Beziehung zu „arbeiten". Das soll den Zweck haben, den erfolgreich-erfolglosen Prozeß rückwärts laufen zu lassen, zurück zu einer hoffentlich wieder erfolgreichen Beziehung.

Es wird deutlich, daß eine erfolgreiche Beziehung eine erfolglose Beziehung ist, die nur darauf wartet, erfolglos zu werden. Durch „Arbeiten" an der Beziehung kannst Du nur hoffen, die Bedingungen zu manipulieren. Der eigentliche Grund für das Scheitern ist die Ziellosigkeit, die größer ist als die Beziehung selbst.

(Für eine Beschreibung der Natur einer krafterzeugenden Beziehung lies Buch III, Kap. 18, Seite 155 ff. „Drehbuch für Meisterschaft im Leben“.)

Kapitel 4

Eine Verpflichtung eingehen — eine Verpflichtung zu was?

Eine Beziehung kann ohne Verpflichtung nicht existieren. Die Qualität der Beziehung ist das Ergebnis Deiner Verpflichtungen.

Wenn Du Deine Erfahrungen von Beziehungen anschaust, wirst Du erkennen, daß die Menschen natürlicherweise verpflichtet sind. Jeder ist verpflichtet. Unterschiede bestehen lediglich in der Antwort auf die Frage: „Verpflichtet zu was?“ Was die Beziehung betrifft, sind hier die Alternativen, denen Du Dich verpflichten kannst: 1) Dir selbst, 2) dem anderen, 3) der Langlebigkeit der Beziehung, 4) der Beziehung selbst oder 5) dem Zweck der Beziehung. Du kannst versuchen, Dich mehreren Möglichkeiten zu verpflichten, aber Du wirst scheitern, weil die Verpflichtung zu einer Möglichkeit häufig im direkten Widerspruch zu der Verpflichtung zu einer anderen Möglichkeit steht.

Die spannende Wahrheit über Beziehungen ist, daß Du Dich verpflichten *mußt*, und daß Du *bereits* verpflichtet *bist*. Es reicht jedoch nicht, nur verpflichtet zu sein. Du mußt Dich einer Richtung verpflichten, die als Organisationsprinzip für Dein Leben und für alles Leben dient. Alles andere führt zu Versagen und Leid. Du kannst nur einer der oben genannten Möglichkeiten voll und ganz verpflichtet sein. Laß uns die Folgen jeder einzelnen Verpflichtung betrachten.

Verpflichtung zu Dir selbst

In einer Beziehung, in der Du Dir selbst verpflichtet bist, stellst Du die Frage: „Was ist gut für mich?“ Wenn Du die Antwort findest, wirst Du beginnen, Dein Gegenüber zu manipulieren, damit sie/er genau das tut, von dem Du denkst, daß es gut für Dich ist. Die/der andere wird zu Deinem Manipulationsobjekt und ist nicht länger eine Persönlichkeit. Geschickte Leute mit kooperativen Partnern können dieses Beziehungsspiel über lange Zeiträume spielen. Es gibt die klassischen Beziehungstypen des Überlebens oder des Erfolges. Die eindringlichste Bezeichnung für sie ist „Schein“, und ihr Hauptcharakteristikum ist die „Untreue“ anderen gegenüber. Die Romanze stirbt hier einen frühen Tod.

Verpflichtung zum anderen

Vielen Menschen ist der Unsinn der Verpflichtung gegenüber sich selbst in einer Beziehung klar geworden — die Illusion ist durchsichtig, und so haben sie sich gesagt: „In Beziehungen gibt es nur die beiden Möglichkeiten: mir selbst oder dem anderen verpflichtet sein. Da es offensichtlich nicht funktioniert, wenn ich mir selbst verpflichtet bin, verpflichte ich mich eben meinem Partner.“ Indem Du das sagst, befindest Du Dich bereits im nächsten Spiel, das sich um Erfolg und Überleben dreht und auf dieselbe Art wie das erste abläuft, nur daß sich die Blickrichtung zum anderen hin verschoben hat. Dasselbe Spiel wird unter anderem Vorzeichen gespielt. Dein Leben dreht sich nun darum, daß Du Dich um jemanden kümmerst, der sich sehr gut um sich selbst kümmern kann. Auch hier ist die eindringlichste Bezeichnung wieder „Schein“, und das Hauptcharakteristikum ist wiederum die „Untreue“. Es entwürdigt einen Menschen, wenn man sich um ihn kümmert, als ob er/sie ein psychischer oder physischer Invalide sei, ganz besonders dann und um so mehr, wenn er/sie nach herrschendem Standard ein Invalide ist. Es macht weniger aus ihm/ihr, als er/ sie sein könnte. Ganz abgesehen davon, ignorierst Du die Welt, wenn Du Deine Zeit damit verschwendest, Deinen Partner in seinem „Ich-bin-so-schwach"-Spiel zu unterstützen. Es gibt zu wenig Lebendigkeit, und in Deiner Beziehung funktionierst Du als braver Junge oder als braves Mädchen und nicht aufgrund Deiner Erfahrung von der Großartigkeit der Menschen.

Verpflichtung zur Langlebigkeit der Beziehung

Wenn Du darüber hinaus bist, dem verführerischen wie irreführenden Glauben anzuhängen, der Zweck der Beziehung sei die eine oder die andere Person, fällt Dir ein, daß die Dauer der Beziehung wichtig sein könnte. Das Spiel heißt dann: „Mal sehen, wie lange wir beide diese Geschichte am Laufen halten können." Die wirklichen „Gewinner" dieses Spiels schaffen das ihr ganzes Leben lang, „bis daß der Tod sie scheidet". Der große Preis kommt am Ende dann, wenn Du stirbst oder wenn der andere stirbt und Du Dir auf die Schulter klopfen und sagen kannst: „Na wenigstens ist er/sie nicht allein gestorben." Wenn Du das Spiel zu Ende spielst, dann wirst Du nie eine andere Beziehung in Betracht ziehen, sondern immer nur darauf warten, daß Du selbst stirbst. Wenn Du stirbst, ist das Spiel vorbei. Eigentlich aber bist Du schon in dem Moment gestorben, in dem Du entschieden hast, daß es Dir um die Langlebigkeit der Beziehung geht, Du hast das nur nicht gemerkt.

Verpflichtung zur Beziehung

Wir leben in einer zunehmend erleuchteten Zeit, in der es vielen Menschen möglich wurde, den Unsinn der ersten drei Verpflichtungen zu erkennen. Sie stehen jetzt auf dem Standpunkt namens „Verpflichtung zur Beziehung". Auf dieser Position des Spielbrettes scheint Dir, daß Du Dich im eigentlichen der Qualität Deiner Beziehung verpflichten solltest. Das heißt, Du meinst, Deinen Standpunkt vertreten zu müssen, über den hinauszublicken, schwierig ist. Auf dieser Ebene suchen die Menschen das Vergnügen miteinander: Kino, Spiel, Camping, Champagner und Kerzenlicht. Die Schwierigkeit dabei ist, daß es sich immer nur um Form und Substanz ohne Organisationsprinzip handelt. Es gibt nichts von Bedeutung. Genau deshalb bleibt die Beziehung auch leer und unbefriedigend.

Verpflichtung zum Zweck: Die krafterzeugende Beziehung

Der Zweck einer Beziehung ist ein Organisationsprinzip, das in wenigen Worten beschrieben werden kann. Es ist der Beitrag zur Menschheit. Du mußt erkennen, daß es das eigentliche Organisationsprinzip der Beziehung ist, und nichts anderes. Alles andere ist der Narren Vergnügen oder Schmerz. Nicht Du bist das Organisationsprinzip, nicht der andere, nicht die Länge Deiner Beziehung und auch nicht die Beziehung selbst. Das Organisationsprinzip ist der Zweck, der der Beziehung Leben einhaucht. Alles andere, dem Du hinterherläufst, gleicht einem Ausverkauf Deiner selbst. Du wirst genau das bekommen, was Du für Deinen Ausverkauf verdienst. Du verkaufst Deine Lebendigkeit und die Lebendigkeit des anderen. Der Preis ist enorm, und Du würdest ihn nie zahlen, wenn Du wüßtest, wie unnötig er ist: Die Menschen zahlen den Preis für Zwecklosigkeit in dem Glauben, daß es keine andere Möglichkeit gibt. Warum ist das so?

Die tragischen Umstände existieren aufgrund einer Bedingung, unter der wir leben. Die Bedingung könnte man lapidar nennen: „Individuen zählen nicht, sie machen keinen Unterschied, sie können zu nichts etwas beitragen." Wir glauben, daß wir nur dann etwas beitragen können, wenn wir enorme Unterstützung und Anerkennung haben. Wir suchen nach einem Beweis, um zu wissen, ob wir etwas bedeuten oder nicht. Als Individuen sind wir ziemlich sicher, daß wir nichts zählen, und daß wir keinen Unterschied bewirken, und weil wir so denken, bewirken wir in der Tat keinen Unterschied. Man kann auch sagen, wir machen keinen Unterschied, indem wir keinen Unterschied machen. Die Welt weiß von unserer Kraft, obwohl wir sie nicht zum Ausdruck bringen.

Wie könnten wir also, wenn wir uns für Individuen halten, jemals erkennen, daß wir als Beziehung etwas bewirken? Wenn ich allein keinen Unterschied mache, dann machen wir zusammen auch keinen. Unsere Beziehung macht nicht eigentlich etwas aus. Wir können bestenfalls Verbraucher und Vergnügungssüchtige werden.

Um aus dieser Bedingung heraus in eine wahre Beziehung zu kommen, müssen ein Zweck oder ein Kontext erschaffen oder gewählt werden. Ein wahrer Zweck oder ein Kontext erzeugen eine neue Bedingung, die einzige Bedingung, die Dir ermöglicht, einen Unterschied zu machen und etwas beizutragen. Eine Beziehung, die einen Zweck oder einen Kontext hat, ist der Himmel auf Erden. Wenn das nicht der Himmel ist, dann gibt es keinen Himmel. Wenn die Zwecklosigkeit in Beziehungen nicht die Hölle ist, dann gibt es keine Hölle.

Die Hingabe an einen Zweck, der größer ist als Du selbst, größer als Dein Partner und größer als die Beziehung, bedeutet die Hingabe an ein *Befreites* Selbst.

Kapitel 5

Überleben contra Transformation

Unser gemeisames Ziel ist die Erschaffung einer Du-und-Ich-Welt, die für jeden funktioniert.

Das Gegenteil der krafterzeugenden Beziehung ist die sichere ungefährdete Beziehung. Die Menschen sind derart davon überzeugt, daß niemand zählt oder einen Unterschied macht, daß sie nach einer Beziehung suchen, die sicher ist.

Das Ego fürchtet den Tod. Obwohl im Leben nur der Tod sicher ist, fürchten die Menschen das Unvermeidbare. Wenn das nicht dumm ist, dann gibt es keine Dummheit. Die Menschen fürchten den Tod. Aus Angst vor dem Tod und dessen Nähe setzen die Menschen Bedingungen, die sie so weit wie irgend möglich entfernt vom Ende der imaginären Lebens-Todes-Skala halten sollen. Beziehungen werden so gewählt und gelebt, daß sie die Erfahrungen der Kindheit wieder erschaffen — Erfahrungen des emotionalen und/oder finanziellen Umsorgt-Seins. Die Zeit soll stillstehen vor dem Ungeheuer des Nicht-mehr-da-Seins, des Sterbens und des Verschwindens. Tragischerweise fördert die grundlegende Sehnsucht, einen Unterschied zu machen, damit das Leben einen Sinn hat, die Angst, nicht zu leben. Du verbringst Dein Leben damit, eine Stelle zu suchen, an der Du Deine Nabelschnur wieder anschließen kannst.

Das, wofür wir uns fast immer verkaufen, ist in der folgenden Wortliste enthalten: Geld, Autos, Häuser, Möbel, Freunde, Kleidung, warme Körper, Essen, Prestige, die Fähigkeit, andere zu dominieren, gutes Aussehen und und und. Du könntest dieser langen Liste sicher noch einiges hinzufügen. Du denkst von jeder Sache, daß Du durch sie ein bißchen besser oder gar länger überleben kannst. Sieh es Dir genau an. Wir konfrontieren uns fast nie mit der Wahrheit darüber, was uns im Leben wozu motiviert. Diese Dinge sind Deine Motivationen! Ob es Dir gefällt oder nicht, Dein Verlangen nach diesen Dingen bewegt Dich in Deinem Leben von einer Stelle zur nächsten. Diese Dinge diktieren Dir, wie und mit wem Du Deine Zeit verbringst und sogar, worüber Du sprichst. Du bist durch sie vollständig beherrscht, und in dem Ausmaß, in dem Du davon überzeugt bist, genau das nicht zu sein, ist Deine Lage hoffnungslos. Wenn Du wirklich glaubst, daß dieses Zeug Dich nicht bewegt, dann wird Dein Leben in Deiner Erfahrung keinen Unterschied machen. Du vergeudest Deine Energie für den Beweis, daß Du „gut" bist. Du kannst Dir nicht leisten zu lügen — Dein Leben wird von Überlebens-Angst-Mechanismen beherrscht, es sei denn, daß das nicht so ist. Es ist aber so. Ich unterstelle damit keinesfalls, daß Du diese Überlebens-Angst-Mechanismen nicht überwinden könntest. Ich will nur, daß Du Dir darüber im klaren bist, daß sie Dich beherrschen.

Die Angst vor dem Tod ist der Ursprung der Du-oder-Ich-Welt: wenn ich es schaffe, darf ein anderer es nicht schaffen. Das ist die Welt, in der der Mythos der Geld- und Nahrungsknappheit den Tag regiert, und in der die Unvermeidbarkeit menschlichen Leides als gegeben vorausgesetzt wird, eine Welt, in der man dadurch gewinnt, daß ein anderer verliert.

Auf der Ebene der Beziehungen wird die Du-oder-Ich-Welt zur Wir-oder-Sie-Welt. Das „wir" steht für zwei oder mehrere Menschen, die sich gegen die Welt verbündet haben. Um „uns“ ist eine klare, imaginäre Linie gezogen, und es ist „ihnen“ nicht gestattet, in den Kreis einzutreten. Egal, wer „sie“ sind, sie dürfen unter keinen Umständen herein, in jedem Sinn des Wortes.

Das Postulat des Mangels an Reichtum (im weitesten Sinn des Wortes) und der Unvermeidbarkeit menschlichen Leides sowie die Bildung einer ausschließenden und ausschließlichen Beziehung, bedeutet den endgültigen „Ausverkauf“. Ausverkauft wird die Lebendigkeit einer jeden Beziehung. Im Tausch dafür bekommst Du ein Gefühl von Sicherheit. Du bist sicher (aber nicht wirklich) in einer feindlichen Welt, und alles, was Du dafür aufgeben mußt, ist Deine Lebendigkeit. Du wirst in Deine Exklusivität hineinsterben und vergessen, wer Du bist, weil Du vergißt, wer die anderen sind.

Betrachtet man dieses Phänomen aus seinem Inneren heraus, erkennt man keine andere Realität. Reichtum *ist* rar, Menschen *müssen* leiden, einer muß verlieren. Selbst, wenn Du die Wahrheit der Bedingungen der Welt erkennen kannst, kannst Du Dir nicht vorstellen, wie es anders sein könnte. Wenn es so offensichtlich wäre, dann gäbe es keinen Stoff für dieses Buch.

Dieses Buch erlaubt Dir, Deine Kraft zu entdecken und einen Unterschied in dieser Du-oder-Ich-, Wir-oder-Sie-Welt zu machen. Transformiere Deine Kraft, und nimm an der Transformation dieser Du-oder-Ich-Welt in eine Du-*und*-Ich-, Wir-*und*-Sie-Welt teil. Ich kenne Deine Antwort nicht, aber ich war lange genug mit Dir zusammen, um zu wissen, daß Du eine hast. Ich habe die Fähigkeit, Dir zu erlauben, Dein Selbst zu entdecken, in dem alle Antworten enthalten sind.

Unser gemeinsames Ziel ist die Erschaffung einer Du-und-Ich-Welt, die für jeden funktioniert. Das ist die Essenz einer kraftvollen Beziehung, weil die Gemeinsamkeit aller Ziele in Beziehungen die Liebe ist.

BUCH V

MANN / FRAU

Die Mysterien der Mann / Frau-Beziehungen offenbaren sich langsam im Laufe eines Lebens. Sie sind zuweilen derart schwer zu entdecken, daß man fragen könnte: „Warum soll ich beunruhigt sein?“

Es gibt keinen Grund.

Kapitel 1

Das Haus der Spiegel

Was Du auch über das andere Geschlecht denkst, die Wahrheit ist fast immer das Gegenteil.

Das Thema Mann/Frau ist außergewöhnlich schwierig für die Menschen. Das belegt die Tatsache, daß eine nie dagewesene Zahl von Menschen das Single-Dasein bevorzugt und eine unglaublich hohe Zahl von verheirateten Menschen sich scheiden läßt. Jeder denkt, daß seine/ihre Vorstellung von Mann/Frau korrekt ist, und fast niemand besitzt die für eine Meisterschaft auf der Mann/Frau-Ebene nötigen Informationen. Jeder will Bescheid wissen, was um so bemerkenswerter ist, als kaum jemand Bescheid weiß. Die, die etwas wissen, erzählen nichts darüber — nicht etwa, weil sie nicht erzählen wollten, sondern weil sie nicht erzählen können — es gibt keine Sprache, in der man diese Art der Information sprechen könnte. Es ist keine übliche Information. Sie kann nur empfangen werden wie ein fernes Bildnis im Haus der Spiegel, und sie kann auch nur auf diese Weise weitergegeben werden. Es ist mir daher praktisch unmöglich, etwas über Mann/Frau zu sagen, ohne in das Haus der Spiegel Deines Verstandes einzutreten. Du wirst das Gegenteil von dem verstehen, was ich sage. Zwei Dinge werden mir helfen: 1) Vergiß für einen Moment Deine Überzeugung, Du wüßtest etwas über Mann/Frau. 2) Beachte, daß ich genau das schreibe, was ich meine. Du sollst das, was ich schreibe, nicht interpretieren — es heißt, was es heißt:

Du kannst das Thema Mann/Frau nur von einem Standpunkt aus betrachten. Es gibt zwei Standpunkte, von denen der eine Mann und der andere Frau heißt. Da Du entweder der eine oder die andere bist, bist Du *gezwungen*, Mann/Frau von Deinem Standpunkt aus zu betrachten. Damit Du erkennen kannst, warum etwas so ist, wie es ist, mußt Du es ohne Neigung, ohne Standpunkt und ohne althergebrachtes Interesse daran, es so oder so zu sehen, betrachten. Du wirst es so sehen, wie es ist. Es ist Dir wahrscheinlich egal, ob Gras grün oder blau ist, und wenn Du blaues Gras siehst, dann hast Du keine Probleme, es zu erkennen. Wenn Du etwas über Mann/Frau erkennst, dann ist das nie objektiv, weil Du einer/eine von ihnen bist (Mann oder Frau) und Dich für das Ergebnis Deiner Betrachtung selbst mit einbringen mußt. Wenn Du Dein Bild im Spiegel ansiehst, dann siehst Du nicht Dich selbst, wie Du bist, sondern Dein Spiegelbild. Für Dich ist dieses Spiegelbild Deine wirkliche Erscheinung. Das menschliche Gesicht bietet so viel Symmetrie, daß das Spiegelbild der wirklichen Erscheinung ähnelt.

Wenn Du als Mann versuchst, eine Frau zu verstehen, dann fehlt Dir diese Symmetrie für Deine Beobachtungen: Du willst immer genau das sehen, was Dich in die Lage versetzt, etwas über die Frauen zu prophezeien und umgekehrt. Einem Mann ist es unmöglich, die Natur einer Frau zu begreifen. Die Männer glauben trotzdem, daß sie genau das könnten. Leider sehen sie nur die Reflexion ihrer selbst und nicht das wahre Bild der Frau. Männer erkennen in Frauen ihre eigene Natur: den Teil, den sie unterdrücken und verleugnen. Deshalb glauben sie, Frauen seien romantische, einfältige und unpraktische Dummköpfe. Frauen sind nicht so; Männer sind so. Frauen haben ihr Männerbild aus demselben Grund: Sie wollen die Männer berechenbar machen. Auch sie sehen eine

Reflexion ihrer selbst und nicht die wahre Natur des Mannes. Sie glauben deshalb, daß Männer stark, praktisch, intelligent, gefühllos und unromantisch sind. Männer sind nicht so; Frauen sind so.

Bei der Geburt gibt es weder Frau-Sein noch Mann-Sein, es gibt zunächst nur einen anatomischen Unterschied. Der Kontext Frau-Sein oder Mann-Sein wird erlernt. Jungen wird gelehrt, stark, praktisch, intelligent, gefühllos und unromantisch zu sein. Wenn Du danach strebst, etwas zu sein, dann deshalb, weil Du das Gegenteil bist. Es gibt keinen anderen Grund für die Bemühungen. Die Mädchen werden getrimmt, romantische, einfältige und unpraktische Dummköpfe zu sein, obwohl das Gegenteil stimmt.

Frauen sind so, wie man es von Männern erwartet, und Männer sind so, wie es von Frauen erwartet wird. Frauen „benehmen“ sich so, wie Frauen sich benehmen sollten, und auch Männer „benehmen“ sich genauso, wie es von ihnen erwartet wird. Vielleicht verstehst Du jetzt, daß Männer Frauen wie ihr Spiegelbild betrachten und nicht nur die Frauen, sondern auch sich selbst. Auch Frauen sehen Männer wie ihr Spiegelbild. Ist es verwunderlich, daß die Dinge zwischen Männern und Frauen so laufen wie jetzt?

Du wirst das andere Geschlecht niemals anders sehen. Mit etwas Übung lernst Du vielleicht das Lesen der Spiegelschrift. Lies weiter und Du wirst in die Lage versetzt werden, das andere Geschlecht zu lesen. Bis jetzt ist Deine Überzeugung über das andere Geschlecht genau das Gegenteil von dem, was tatsächlich zutrifft.

Kapitel 2

Die Intelligenz der Frauen

Du wirst denken, daß das, was ich über die Intelligenz und die Geschlechter zu sagen habe, verrückt ist. Was weißt Du schon darüber?

Es herrscht die Überzeugung, daß Männer intelligent und Frauen nicht ganz so intelligent sind. Ich beziehe mich hier nicht auf eine Unzahl verschiedener Intelligenztest-Ergebnisse, sondern auf die wahre Intelligenz, die, die in Beziehungen gebraucht wird. Diese Art der Intelligenz wird an der Fähigkeit gemessen, das wahre Wesen einer Beziehung zu erkennen. Frauen besitzen diese Fähigkeit. Männer besitzen sie nicht. Frauen wissen, daß sie diese Fähigkeit besitzen, Männer wissen das nicht. Zwischen Frauen besteht ein unausgesprochenes Übereinkommen darüber, diese Art der Intelligenz nicht zu offenbaren.

Das Ergebnis dieser Intelligenz ist, daß Frauen normalerweise die Kontrolle über Männer und über die Ereignisse in einer Mann/Frau-Beziehung haben. Alle Frauen haben die geheime Übereinkunft, diese Information niemals zu verraten. Die Übereinkunft ist so heilig, daß eine Frau, die danach gefragt wird, diese absolut verleugnet.

Männer glauben, daß Frauen kluge Männer wollen. Sie merken nicht, daß Frauen die wahre Dummheit aller Männer sehen. Frauen lieben die Männer nicht wegen ihrer Klugheit. Frauen lieben Männer trotz ihrer Dummheit. Frauen wollen keinen klugen Mann, sondern einen *erziehbaren*, der weiß, daß er nicht alles weiß, und der bereit ist, etwas von Frauen zu lernen. Frauen wollen die nicht so schlauen Männer führen und umsorgen, und sie suchen nach den Typen, die dieser Umsorgung und Leitung zugänglich sind. Wußtest Du, daß in diesen „liberalen“ Zeiten Frauen 30% der Arbeit (aus bezahlter Anstellung) leisten und dabei 70% der verfügbaren Geldmenge kontrollieren? Muß ich da noch mehr sagen?

Leider haben Frauen die Überzeugung übernommen, daß sie nicht intelligent seien, und deshalb fühlen sie sich für ihre Intelligenz nicht verantwortlich und verhalten sich tatsächlich dumm. Wenn man aber dummes Verhalten bei einer Frau beobachtet, dann zeugt das von übermäßiger Intelligenz. Dieses Verhalten will die Männer vor der Katastrophe schützen, herauszufinden, wie zweitklassig männliche Intelligenz im Vergleich zur weiblichen abschneidet. Darüber hinaus wird durch dieses Verhalten eine noch vollständigere Kontrolle über die Ereignisse in Mann/Frau-Beziehungen ausgeübt.

Du glaubst, daß all das nicht wahr ist und ich mir das nur ausgedacht habe. Was weißt Du schon aus Deiner Erfahrung über Mann/Frau? Ich behaupte, daß Du so gut wie gar nichts weißt. Ich schreibe diese Sätze besonders für Frauen, weil die Männer zu dumm sind, die Wahrheit darin zu erkennen. Weil ich selbst ein Mann bin, gibt es für mich nur eine zuverlässige Quelle, aus der ich informiert bin: Frauen haben mir dieses Wissen offenbart.

Kapitel 3

Anfang und Ende einer Beziehung

Frauen fangen Beziehungen an und beenden sie, aber sie wahren den Schein, der Macho-Mann habe beides gemacht.

Jeder weiß, daß Männer Beziehungen anfangen und daß manchmal Frauen und manchmal Männer sie beenden. Das ist die scheinbare Wahrheit.

Männer sind dumm genug zu glauben, daß tatsächlich sie die Frau, mit der sie sich einlassen, aussuchen würden. Alle Frauen wissen, daß Männer keine Wahl haben und daß sie ohne Zustimmung und Kooperation der Frauen nicht einmal Notiz von ihnen nehmen würden. Frauen können Männer willentlich anmachen, und den Männern bleibt nichts anderes übrig, als es zur Kenntnis zu nehmen, wenn es geschieht. Frauen können Männer abfahren lassen, und alles, was ein Mann tun kann, ist, es zu bemerken, wenn es passiert. Frauen sind sich sehr klar darüber, was sie einsetzen, um einen Mann anzuziehen. Männer wissen nicht, womit sie eine Frau anziehen, und deshalb brauchen Männer Aussicht auf Erfolg, bevor sie eine Frau anmachen. Eine Frau fängt eine Beziehung an, indem sie ihre Magie zeigt und den Mann anzieht. Dem Mann scheint nur, als habe er einfach in einem vollen Raum umhergeschaut, als sein Blick auf sie fiel, und ihm ist nicht klar, daß sie das so geplant hatte. Er schlendert durch den Raum und sagt etwas wie: „Na Frau, soll ich Dir mal zeigen, was ich für ein toller Typ bin?“ Die Frau denkt: „Nicht schon wieder so einer." Und sie sagt: „Oh wow, was für ein Mann!" oder ähnliches desselben Inhalts. Der Mann denkt, „sie ist sicher von mir beeindruckt", und sagt: „Wie wär's mit einem Drink?" So beginnt die Beziehung. Verändere die Umstände und tausche Worte aus; als Resultat hast Du den Anfang einer Mann/Frau-Beziehung in unserer Kultur. Der Anfang wird von der Frau gesteuert, was mit einschließt, daß sie den Mann glauben macht, alles sei seine Idee gewesen.

Die Beziehung nimmt ihren Lauf, und das ist die Mitte. In der Mitte einer Beziehung prüft die Frau den Mann, um zu sehen, aus welchem Holz er geschnitzt ist und ob er der weiße Ritter ist, auf den sie gewartet hat. Die meisten Männer fallen bei diesem Test durch, und deshalb gibt es ein Ende in Beziehungen. Auch das wird von der Frau zwar nicht immer bewußt, aber immer irgendwie herbeigeführt. Die meisten Frauen wissen, daß sie die Beziehungen beginnen. Die wenigsten allerdings wissen, daß sie sie auch beenden. Es scheint so, als ob der Mann den Kreis schließt, und normalerweise denkt er auch, daß er das tut. Das hat keine weitere Bedeutung. Obwohl es die Sache des Mannes ist, die Beziehung formal zu beenden — indem er normalerweise geht —, ist die eigentliche Wahrheit die, daß die Frau den Mann geprüft und befunden hatte, daß er nicht genügt und daß er nicht der weiße Ritter und somit aus dem Dienst entlassen ist. Normalerweise verjagen Frauen, Männer indem sie gemein zu ihnen sind. Darüber mehr im nächsten Kapitel.

Kapitel 4

Gemein

Eine Frau ist am gemeinsten zu dem Mann, den sie am meisten liebt.

Die meisten Männer haben bemerkt, daß Frauen einen gemeinen Zug besitzen. Die Männer sind jedoch dumm, und sie haben fast alle beschlossen, daß die Gemeinheit einer bestimmten Frau einzigartig für diese Frau und diese Beziehung war. Das ist nicht so. Frauen sind gemein zu Männern. Vielleicht verbergen sie ihre Gemeinheiten hinter ihrer „Nettigkeit", das aber ist nur eine andere Art der Gemeinheit. Frauen ärgern sich über Männer wegen der persönlichen Unterdrückung und der unglaublichen Diskriminierung, die sie ein Leben lang erfahren. Frauen sind seit jeher Bürger zweiter Klasse, und sie sind wütend darüber! Je näher Du als Mann einer Frau kommst, desto mehr wirst Du von dieser Wut abbekommen. Darüber gibt es kein „vielleicht". Du wirst sie abbekommen. Wenn Du Dich einer Frau näherst und sie Deine Hingabe spürt, dann geht sie davon aus, daß sie sicher sein kann, wenn sie ihre Wut ausdrückt. Sie wird sie ausdrücken, indem sie gemein zu Dir ist. Sie wird meckern und sich beklagen, Zuneigung und Sex zurückhalten und Dich vor Deinen Freunden ins Unrecht setzen. Sie wird Dein Ego immer wieder und mit viel Kreativität demolieren. Sie wird ausgerechnet in dem Moment in Tränen ausbrechen, in dem Du denkst, daß sie ganz besonders glücklich ist. Sie wird sagen, daß sie Sex will, sich aber weiter keine Mühe geben,

Dich anzumachen. Du wirst denken, daß Du impotent bist und nicht genügst.

Das hat mit Dir persönlich nichts zu tun. Es hat etwas zu tun mit der langen Geschichte von Unterdrückung und Ignoriertwerden, mit der Behandlung als Mensch zweiter Klasse und der Erkenntnis, daß Jungen immer erster Klasse behandelt werden. Meine Herren, Frauen sind wütend und gemein, nicht weil sie so sein wollen, sondern weil sie so sind. Du kannst dem nicht entfliehen. Wenn Du einmal nah genug dran bist und wenn sie Dir genügend vertraut, dann wirst Du es abbekommen. Das verspreche ich Dir. Es ist egal, wie gut Du aussiehst und wie charmant Du bist. Wenn sie sicher ist, daß Du nicht wieder gehen wirst, dann wird sie sehr gemein zu Dir sein. Wenn Du diese Frau dann in dem Glauben verläßt, daß eine andere nicht gemein sein wird, dann bist Du auf dem besten Weg zu einer *großen* Enttäuschung. Sie sind *alle* so! Wenn Deine Frau gemein zu Dir ist, dann gratuliere Dir dazu, daß Du für sie vertrauenswürdig genug bist, daß sie ihre lebenslange Zurückweisung Dir gegenüber ausdrücken kann. Alle weißen Ritter bekommen im Verlauf der Beziehung mit ihrer Prinzessin eine Menge Gemeinheit ab.

In dem Zustand einer Beziehung, in dem die Frau gemein zu Dir ist, geschehen zwei Dinge: 1) die Frau drückt sich selbst aus und 2) Du wirst geprüft. Dieser Zustand ist ein Privileg. Sei glücklich, dort zu sein. Liebe sie. Bleibe bei ihr.

Eine gemeine Frau will nicht gemein sein. Sie weiß, daß sie Dein wertvolles Leben mit ihrer Gemeinheit verschwendet, aber denk daran, sie verschwendet damit auch ihr eigenes. Sie weiß das. Sie will nicht gemein zu Dir sein. Sie will sicher sein, daß Du ein tiefes Verständnis dafür hast, woher ihre Gemeinheit rührt, bevor sie sie aufgeben kann. Sie *wird* sie aufgeben, vorausgesetzt, Du machst ihr persönlich keine Vorwürfe; in diesem Fall bleibt sie so lange gemein, wie Du vorwurfsvoll bist. Frauen sind nicht hoffnungslos. Männer sind manchmal hoffnungslos, aber Frauen sind immer bereit zu Veränderungen. Frauen werden nicht mehr gemein sein, wenn Du 1) aufhörst, ihnen Vorwürfe zu machen, und die Verantwortung selbst übernimmst (Du hast ihre Gemeinheit mit verursacht), und 2) sie wissen läßt, daß Du die Ursachen kennst und daß sie vollkommen berechtigt ist, gemein zu sein. Wenn Du wie ein Bürger zweiter Klasse behandelt würdest, dann wärst Du auch gemein. Es ist sogar so, daß Männer, die wie Bürger zweiter Klasse behandelt wurden/werden (Minderheiten), gemein wie die Hölle sind (genauso wie Frauen) mit dem einzigen Unterschied, daß sie, weil sie Männer sind, weniger gefährlich sind.

Als Mann bemühst Du Dich, ein Gentleman zu sein. Wenn es jedoch zu einem Wettbewerb käme mit dem Motto: „Wer kann am gemeinsten sein?“, dann würdest Du gewinnen. Es ist jedoch nicht Deine Aufgabe, noch mieser zu sein als sie. Sei lieber der Gentleman, der Du bist, damit sie die sanfte Frau, die sie ist, in sich entdecken kann. Gentleman zu sein, heißt auch, für sie zu produzieren, und das bringt uns zum nächsten Kapitel.

Kapitel 5

Produktion und Konsum

In unserer Gesellschaft gibt es grundlegende Vereinbarungen, die Du kennen mußt, um eine funktionierende Mann/Frau-Beziehung zu haben.

Bitte beachte, daß ich hier nicht „die Wahrheit“ schreibe. Wir machen, was uns als Realität erscheint, indem wir die Voraussetzungen und Prinzipien dafür erschaffen. Was ich Dir über die Natur der Mann / Frau-Beziehung sage, ist solange unwahr, bis Du es selbst so sagst, und es funktioniert als „die Wahrheit“, wenn Du sie dazu erklärst. Wir haben als Gesellschaft eine Menge Voraussetzungen, und diese Voraussetzungen funktionieren so, als ob sie „die Wahrheit“ sind. Wenn Du in dieser Gesellschaft lebst, solltest Du diese Voraussetzungen kennen, weil aus ihnen die Regeln abgeleitet sind, mit denen wir das Mann / Frau-Spiel spielen.

Hier ist die Liste der Voraussetzungen, die Du kennen und anerkennen solltest, wenn Du das Mann/Frau-Spiel mit dem auch nur geringsten Erfolg spielen willst:

1. Frauen sind schwach, Männer sind stark.
2. Männer geben (produzieren) und Frauen empfangen (verbrauchen).
3. Männer sollen Frauen beschützen.

Diese drei Voraussetzungen sind bekannt. Sie sind nicht „wahr“, aber sie werden von der Gesellschaft als „wahr“ gehandelt.

Es gibt andere Voraussetzungen, die Frauen kennen und Männer nicht, und noch andere, die Männer erfunden haben und die Frauen nicht kennen. Diese Voraussetzungen sind nicht so allgemein, aber Du mußt trotzdem über sie Bescheid wissen, damit Du das Mann/Frau-Spiel erfolgreich mitspielen kannst. Die nächsten Kapitel behandeln diese Voraussetzungen. Dieses Kapitel behandelt ausschließlich die ersten drei.

Ich weiß, daß diese drei Voraussetzungen heutzutage in Verruf geraten sind. Die Menschen behandeln sie dennoch als die grundlegende Wahrheit, obwohl ihre Lippenbekenntnisse von „erleuchteteren" Standpunkten sprechen, die etwas mit Gleichheit und Gleichberechtigung zu tun haben. Für mich sind Gleichheit und Gleichberechtigung als wirksame Prinzipien ein zeitlich begrenztes Phänomen. Glaubst Du wirklich, daß Männer und Frauen dieselben sein wollen? Es wird niemals wirkliche Gleichheit und Gleichberechtigung geben. Obwohl die Unterschiede zwischen Männern und Frauen erschaffen werden, sind sie doch real, sobald sie da sind. Männer denken auf eine lineare, „logische" Art. Frauen denken auf eine ganzheitliche, „intuitive" Art, und genauso ist es. Männer sind *„stark"* und Frauen *„kraftvoll"*, und es ist besser, Du verstehst das. Frauen *sind* die Quelle aller Dinge, die geschehen. Männer *sind* die Instrumente der Veränderung. Eine Frau ohne Mann ist wie eine Macht ohne die Möglichkeit, sich selbst auszudrücken. Ein Mann ohne Frau ist Ausdruck ohne Kraft. Ich behaupte nicht, daß Männer und Frauen in einer traditionellen Ehebeziehung leben müssen, um sich selbst durch den anderen zum Ausdruck zu bringen. Ein glücklicher Kontakt zum anderen Geschlecht gibt Frauen die Möglichkeit, sich selbst auszudrücken, und Männern ein führendes Licht, das ihnen zeigt, was sie ausdrücken.

Wir haben es wie üblich geschafft, es so hinzustellen, daß es genau gegensätzlich zu dem, was ist, erscheint. Die Mann/Frau-Beziehung ist ein Haus der Spiegel. Es scheint so, als ob Männer die Richtung vorgeben und die Frauen die Arbeit leisten, um dorthin zu gelangen. Es scheint so. Die Wahrheit ist die, daß Frauen die Welt regieren und Männer dazu benutzen, das auszuführen. Die Dinge sind nicht so, wie sie erscheinen. Die Bewegung der Frauen in die Berufswelt in den vergangenen Jahren beweist, daß Frauen sich Gedanken über das machen, was Männer tun, und sie glauben, daß Männer sorgfältigerer Kontrolle bedürfen. Wenn ich schreibe „sie", dann meine ich nicht einzelne Frauen — ich meine das Geschlecht „Frau", alle Frauen, das heißt, das kollektive Bewußtsein namens „Frau".

In dem Maß, in dem Du das Wesen von Mann/Frau in einer bestimmten Beziehung verwirklichen kannst, kannst Du eine kraftvolle Mann/Frau-Beziehung erschaffen. Die meisten wollen das nicht. Kraftvolle Mann/Frau-Beziehungen sind selten. Es gibt zwei Arten der Verschwörung, die sie verhindern wollen und über die ich in den nächsten Kapiteln mehr schreiben werde.

Du benötigst zunächst die Information: Frauen sind kraftvoll, Männer sind expressiv; Männer produzieren und Frauen konsumieren; Männer sollten Frauen beschützen. Glaube mir. Es tut mir leid, Freunde.

Kapitel 6

Die Verschwörung der Männer

„Ich habe einen, sie hat keinen“: der Macho-Mann

Männer betrachten Frauen als minderwertig. Manchmal bekennen sie sich öffentlich dazu und manchmal nicht. Ob oder ob nicht, es ist so. Männer denken entweder, Frauen sind minderwertig, oder sie sind noch unbewußter: sie denken ihre Gedanken aufgrund der Voraussetzung, daß Frauen minderwertig sind. Es mag sein, daß Du nie denkst: „Frauen sind minderwertig, ich weiß, daß sie es sind.“ Es kann aber auch sein, daß alles, was Du über Frauen denkst, von diesem nicht gedachten Gedanken ausgeht. Vielleicht hast Du den erleuchteten Gedanken: „Frauen sind gleichwertig“. Aber wenn Du den als fundamental zu diesem Thema akzeptierst, dann bist Du in zweifacher Hinsicht ein Lügner: Du belügst Dich selbst, und Du belügst die anderen.

Männer werden mit einem Anhängsel zwischen den Beinen geboren, dem viel zu viel Bedeutung beigemessen wird. Es ist tatsächlich nur ein Anhängsel, mehr nicht. Trotzdem denken wir: „Das muß eine Bedeutung haben.“ Wenn wir das sagen, dann glauben wir es. Es kann zur „Wahrheit“ werden, weil wir so tun, als bedeute dieser Satz etwas, obwohl er nichts bedeutet.

Jungen wachsen heran, und ihnen wird beigebracht, daß sie stark, schnell, clever sind, weil sie dieses Anhängsel zwischen den Beinen haben (während man ihnen gleichzeitig beibringt, daß sie sich seiner schämen und es verstecken sollen). Dadurch denkt der Junge: „Ich habe einen, und sie hat keinen", was soweit stimmt. Dann aber denkt er weiter: „Und *deshalb* bin ich besser." Er denkt so, weil er dafür viel Zustimmung erfährt, und es gibt deshalb so viel Zustimmung, weil so viele von uns so denken (auch wenn wir es niemals zugeben).

Das Resultat beim Erwachsenen ist der „Macho-Mann", ein Mann, der fühlt und dem beigebracht wurde, daß er besser, schneller, stärker und cleverer ist. Er weiß alles besser, und deshalb glaubt er, das andauernd beweisen zu müssen, besonders in seinen Beziehungen zu Frauen. Ich will vermitteln, daß das mit *allen* Männern auf einer bestimmten Ebene so ist. Manche können das verbergen und „erleuchtete" Gedanken zu diesem Thema produzieren, aber als Mann bist Du immer bis zu einem bestimmten Grad ein „Macho-Mann". Wenn eine Frau Dich liebt, dann liebt sie Dich *trotz*, nicht wegen dieses Umstandes.

„Macho-Männer" (alle Männer) haben eine Verschwörung, und diese Verschwörung bemüht sich, die Frauen unten, an „ihrem Platz" zu halten. Sie (Frauen) dürfen zwar einer Arbeit nachgehen, aber nur einer, die schlecht bezahlt wird. Wenn sie eine dem Mann gleichgestellte Position erreichen, werden sie üblicherweise unterbezahlt. Die, die dieselbe Stellung und dasselbe Gehalt erreichen, gelten als „maskulin", egal, wie „feminin" sie auch sind.

„Macho-Männer" sind alle Mitglied im „Klub". Um im „Klub" Mitglied zu werden, muß man mit einem Anhängsel zwischen den Beinen geboren sein. Dann behandelt man andere Menschen *ohne* Anhängsel zwischen den Beinen nach anderen Regeln als die Menschen *mit* einem Anhängsel.

Wenn Du Mitglied im „Klub" bist, kannst Du überall auf dieser Welt hingehen, und Du wirst bevorzugt behandelt werden. Es ist der zweitgrößte Klub auf der Welt, gleich nach dem der „Hilfsgemeinschaft" der Frauen. Männer haben eine Verschwörung gegen Frauen. Diese Verschwörung soll die Frauen in der Rolle der Bürger zweiter Klasse halten. Wir haben Frauen in hohe Positionen gehievt, um die Verschwörung zu verbergen, sie läßt sich jedoch nicht verbergen.

Alle Männer sind „Macho-Männer". Sie gehören alle dem „Klub" an, und sie sind alle an der Verschwörung beteiligt. Die, die nicht als Mitglied auftreten, wollen verbergen, worauf sie aus sind. Sie lernen, Frauen zu hintergehen, und sie tun das so perfekt, daß sie nicht einmal selbst wissen, daß sie es tun. Ich spreche hier von einem kollektiven, dem „männlichen Bewußtsein", das nicht jedem einzelnen Mann zugänglich ist.

Frauen lassen sich nicht für dumm verkaufen, und so haben sie als Gegenmaßnahme die „Hilfsgemeinschaft" der Frauen gegründet. Der „Klub" wurde wiederum als Gegenmaßnahme zur „Hilfsgemeinschaft" gegründet. Das ist wie das Henne-Ei-Rätsel, weil „Klub" und „Hilfsgemeinschaft" gleichzeitig gegründet wurden, als unsere Vorfahren begannen, in Familienverbänden zusammenzuleben.

Kapitel 7

Die Verschwörung der Frauen

Die Minderwertigkeit der Frauen ist ein aus dem Kontext resultierender Gedanke. Er bleibt solange bestehen, bis das Konzept der Gleichberechtigung für die Frau in eine Idee, deren Zeit gekommen ist, transformiert wird. Denk darüber nach.

Als Reaktion auf und als Ursache für den „Klub" haben Frauen die „Hilfsgemeinschaft" gegründet. Das Ziel der „Hilfsgemeinschaft" ist, daß der „Klub" sein Ziel (Frauen als Bürger zweiter Klasse zu halten) nicht erreichen wird, ohne dafür einen empfindlichen Preis zu zahlen. Frauen in ihrer Gesamtheit haben die Vorstellung ihrer Minderwertigkeit geschluckt. Manche stellen diese Vorstellung in Frage, aber die, die sie in Frage stellen, tun das mit dem Verdacht, daß es möglicherweise wahr ist. Ich bezeichne das als ein aus dem Kontext entstehendes Denken, das heißt, daß die zu erkennende Offensichtlichkeit den Kontext bestätigt. In diesem Fall ist der Kontext die Minderwertigkeit der Frauen.

In dem Moment, in dem das weibliche Kind versteht, daß es eine Person, getrennt von anderen ist, hat es bereits Vorstellungen darüber, wie es ist. Es ist niedlich, nicht expressiv, weich, gefühlvoll und unintelligent. Es spielt mit Dingen, die keinen Zweck erfüllen, sondern gebraucht werden, um anderen Menschen zu dienen. Während der kleine Bruder mit einem Bausatz-Kasten spielt, spielt es mit einer Puppe, der die Windeln gewechselt werden müssen. Es sucht sich diese Art von Spielzeug nicht aus, es wird damit beschenkt. Dadurch entwickelt es den Teil seines Gehirns, der ein Kenner und ein Meister im Bedienen anderer Menschen ist: die intuitive, rechte zerebrale Hemisphäre. Während es lernt, sich so zu verhalten, als ob es nicht intelligent sei, wird es auf intuitive Art extrem intelligent. Für diese Art der Intelligenz findet es allerdings keinerlei Bestätigung, und erst viel später wird es lernen, daß Jungen die intuitive Intelligenz nicht besitzen.

Trotz ihrer Intelligenz wird die Frau von Anfang an unterbewertet, während ihr männlicher Gegenpart Bestätigung erhält, gelobt und überschätzt wird. Sie lernt schnell, daß sie ein Mensch zweiter Klasse ist, und sie nimmt das übel. Ein Teil ihrer Erziehung zielt jedoch darauf, diesen Verdruß nicht zu äußern, und so wird sie spröde und schließt einen stillen Bund mit anderen Frauen. Mit zunehmendem Alter lernt sie, sich zu arrangieren. Und um in der Gesellschaft zu bestehen, geht sie eine dauerhafte Beziehung mit einem von „ihnen" ein. Der Feind soll gebunden werden. Sie lernt, wie sie einen von denen, auf die sie sauer ist, respektieren und bewundern kann. Die Entschlossenheit dazu ist selten ungebrochen.

Als Mitglied der „Hilfsgemeinschaft" ist sie verpflichtet, die Interessen ihrer Schwestern gegenüber „ihnen" (den Männern) zu wahren. Eine der Grundregeln der „Hilfsgemeinschaft" lautet, daß die „Hilfsgemeinschaft" niemals verraten werden darf. Normalerweise reden Frauen miteinander nicht über ihren geheimen Bund. Einige wissen noch nicht einmal davon, obwohl er seinen Ausdruck in Wort und Tat findet. Die „Hilfsgemeinschaft" steht für eine mögliche Revolution menschlicher Bewußtheit. Diese Revolution wird viel schneller mächtiger sein als die schwarze Revolution, weil in diesem Fall durchschnittlich jedes Mitglied vom „Klub" jede Nacht ein Mitglied der „Hilfsgemeinschaft" in seinem Bett hat. Während der schwarzen Revolution der sechziger Jahre lebten dagegen die meisten Revolutionäre in einem anderen Stadtteil als die restliche Bevölkerung.

Die Revolution, die im Bereich des Möglichen liegt, ist die der wahren Gleichberechtigung der Frauen. Bisher haben wir von der Gleichberechtigung als einer guten Idee gehört und sie nicht als eine Idee gelebt, deren Zeit gekommen ist. Wenn die Gleichberechtigung zwischen den Geschlechtern zu einer Idee wird, deren Zeit gekommen ist, dann wird es eine radikale Veränderung in der Erziehung der Frauen von Geburt an geben. Die Ebene der Verantwortung, die von Frauen gefüllt wird, wird ungeheuerlich expandieren.

Bis dahin wird die „Hilfsgemeinschaft" als eine Vorbeugemaßnahme gegen Männer fungieren, damit sie mit ihrer Diskriminierung nicht davonkommen, ohne einen empfindlichen Preis zu zahlen (siehe Buch V, Kapitel vier: Gemein).

Die „Hilfsgemeinschaft" und der „Klub" werden sich gleichzeitig auflösen, weil ihre jeweilige Existenz von der des anderen abhängt. Das wird geschehen, sobald die wahre Gleichberechtigung zwischen den Geschlechtern zu einer Idee wird, deren Zeit gekommen ist. Die Zeit ist noch nicht reif. Um in der Zwischenzeit das Mann/Frau-Spiel erfolgreich spielen zu können, mußt Du die Regeln kennen, wie sie jetzt sind: Es gibt ein Verschwörerpärchen, dessen einer Partner Du bist.

Kapitel 8

Sex: alles, von dem Du gehofft hast, daß es nicht wahr ist

Das Ego des Macho-Mannes ist zerbrechlich, und alle Frauen wissen das.

Im Gegensatz zu den Populärmythen wissen die Leute sehr wenig über Sex. Männer verstehen nichts von Frauen. Frauen verstehen nichts von Männern. Viele Männer wissen noch nicht einmal, wo sich die Klitoris der Frau befindet. Die, die es wissen, wissen wiederum nicht, was sie mit ihr anfangen sollen, nachdem sie sie einmal gefunden haben. Frauen tendieren dazu, ein bißchen mehr über Männer zu wissen (aber nicht viel mehr), weil sie aber von ihren Männern unbefriedigt bleiben, leben sie selten das, was sie wissen.

Fast jeder Mann denkt, daß er ein großartiger Liebhaber ist. Fast keiner ist es. Frauen sind so sehr damit beschäftigt, vorzutäuschen, daß ihnen Sex Spaß macht, daß sie den Männern nicht zeigen, was und wie sie es machen sollen. Frauen täuschen Vergnügen vor, und oft täuschen sie sogar den Orgasmus vor, weil es Männer zerstören würde, wenn sie herausfinden, daß ihr Sex die Frauen so nicht befriedigt. Die meisten Frauen wollen allerdings lieber ihre Männer behalten und das Vergnügen vortäuschen, anstatt das Risiko auf sich zu nehmen, die Wahrheit zu sagen und dafür möglicherweise verlassen zu werden. Das männliche Ego des Macho-Mannes ist zerbrechlich, und alle Frauen wissen das.

Wenn man mit einem einzelnen Mann spricht, behauptet er natürlich, daß *seine* Frau die große Ausnahme darstellt, daß sie *tatsächlich* eine Menge Spaß und wirklich großartige Orgasmen mit ihm hat. Die Wahrheit ist, daß Frauen den Orgasmus so regelmäßig vortäuschen, daß nur wenige Männer wissen, was ein richtiger Orgasmus bei einer Frau ist. Hier ist ein Tip, Jungs: Wenn sie wie ein Rennpferd atmet und laut stöhnt, dann täuscht sie sehr wahrscheinlich etwas vor. Sie will es dann einfach nur hinter sich bringen und ihre Ruhe haben. Sie liebt Dich zu sehr, um das zuzugeben, und sie hat Angst, daß Du sie verläßt, wenn sie es tut. Ich weiß, Du denkst, Du bist die Ausnahme. Wahrscheinlich bist Du das nicht. Ich rate Dir zu einer Unterrichtung in Sex. Wahrscheinlich ist es fast unmöglich, an einen guten Unterricht in Sex zu kommen, weil in unserer Kultur der Sex ernsthaft unterdrückt ist. Die zweitbeste Sache ist, Deine Frau zu überreden, Dir etwas beizubringen. Damit sie das tut, mußt Du sie davon überzeugen, daß Dein zerbrechliches männliches Ego die Neuigkeit, daß Du etwas lernen mußt, ertragen kann.

Als Frau mußt Du Deinen Mann auf eine sanfte, unterstützende Art erziehen. Zeige ihm einfach, was er machen soll, Schritt für Schritt, indem Du ihm Unterstützung und Bestätigung gibst für das, was er schon tut: „Das fühlt sich wunderbar an, mach es jetzt mal *so*", und zeig ihm dann, was „so" ist. Laß ihn Dich mit genau dem Druck berühren, der Dir angenehm ist und an den Stellen, an denen es sich für Dich gut anfühlt. Laß ihn nicht raten, was er machen soll. Die Typen raten selten richtig, außerdem hat es ihnen keiner jemals beigebracht. Während Du weitergehst, bitte ihn darum, Dir zu zeigen, was sich gut für ihn anfühlt. Du weißt noch nicht alles über männliche Sexualität, natürlich nicht, weil Du eine Frau bist.

Jungs, hier ist eine kleine, aber wichtige Information für Euch: Wenn eine Frau einen Mann verläßt, dann geschieht das aus einem der zwei Gründe: 1) er ist in seinem Job nicht angemessen produktiv, um ihre Wünsche zu befriedigen, oder 2) er befriedigt sie sexuell nicht. Wenn Ihr sie sexuell befriedigt, dann kann sie über eine Menge Fehler hinwegsehen. Wenn Ihr es nicht tut, dann nimmt der kleinste Fehler unglaubliche Ausmaße in ihren Augen an.

Was den Sex angeht, Jungs, so müßt Ihr wissen, daß es nur eine Art des Orgasmus gibt, und das ist der klitorale Orgasmus. Frauen kommen durch den Geschlechtsverkehr nicht zum wirklichen Orgasmus. Frauen kommen zum Orgasmus durch die richtige Behandlung ihrer Klitoris. So etwas wie den vaginalen Orgasmus gibt es nicht. Wenn Eure Frau einen Orgasmus durch den ausschließlichen Geschlechtsverkehr (ohne Klitoris-Kontakt) zu haben scheint, dann macht sie Euch etwas vor, und über diese Tatsache sollten Euch besser die Augen aufgehen.

Alles in allem ist es erstaunlich, daß Männer und Frauen es überhaupt gemeinsam schaffen, wenn man die Ignoranz in Betracht zieht, mit der die männliche und die weibliche Sexualität gelebt werden. Frauen und Männer können sich gegenseitig lehren. In jedem Fall müssen die Frauen aufhören, etwas vorzutäuschen, und stattdessen die Wahrheit sagen, während die Männer bereit sein müssen, sich unterrichten zu lassen.

Dies ist kein erschöpfender Bericht über den Sex. Es ist nicht mein Ziel, Dir alles über Sex beizubringen. Ich könnte es nicht, auch wenn ich wollte, Du aber kannst in jedem Fall einen Lehrer des anderen Geschlechts finden, und es liegt in der Hand Deines Lehrers, Dir etwas über Sex beizubringen.

Ich gebe einen Workshop, das Mann-Frau-Training. Wenn Du daran interessiert bist, schreib mir, damit ich Dir ein Verzeichnis der einzelnen Workshops in verschiedenen Teilen der USA, Kanadas und in Europa zuschicken kann.

Schreib an:
Ron Smothermon
Context Publications
P.O. Box 2909
Rohnert Park, California 94927, U.S.A.

BUCH VI

HUNGER IN UNSERER WELT

Die Beendigung des Hungers in unserer Welt fordert sowohl die Idee als auch die Aktion. Das eine ohne das andere ist nutzlos und ineffektiv.

Die Beendigung des Hungers ist jetzt eine Idee, deren Zeit gekommen ist. Sie ist unvermeidbar.

Buch VI lädt Dich dazu ein, Dich auf vielen Ebenen über das Thema des Hungers zu bilden und an dessen Beendigung teilzuhaben.

Die Prinzipien, die es uns möglich machen, den Hunger zu beenden, sind dieselben, die unser persönliches Leben transformieren.

Kapitel 1

Der Kontext für die Beendigung des Hungers

Wenn die Beendigung des Hungers nicht dem einzelnen innewohnt, dann wohnt sie nirgendwo.

Wenn Du Buch VI liest, wirst Du die wahren Ursachen für das Hungern und den Hungertod in unserer Welt erfahren. Du bekommst Informationen, die Dich darin bestärken werden, einen Unterschied für das Problem des Hungers zu bewirken, und Du wirst lernen, daß weder der Mangel an Nahrung noch die zahlenmäßige Zunahme der Weltbevölkerung die Ursache sind. Du wirst mit der Tatsache konfrontiert, daß menschliches Leid nicht unvermeidbar ist. Du wirst erkennen, daß es keine wirklichen Verbrecher im Problemfeld des Hungers gibt, und Du wirst erfahren, daß trotz der menschlichen Fähigkeit, sich selbst zu ernähren, zwanzig Millionen Menschenleben pro Jahr völlig unnötig dem Hungertod geopfert werden.

Du wirst all dies und mehr erkennen, aber es wird sich solange nichts ändern, wie Du nicht die persönliche Verantwortung dafür übernimmst und handelst, um das Hungern zu beenden. In einer Welt, in der es möglich ist, einen Brief binnen weniger Tage auf die andere Seite der Erde zu schicken und innerhalb weniger Minuten per Telefon ein anderes Land zu erreichen, in einer Welt, in der die Kommunikation via Satellit alltäglich ist, in einer solchen Welt sollten wir nicht mehr behaupten, daß der unbedeutende einzelne keinen Unterschied machen kann. Wir sollten auch nicht mehr behaupten, daß einige Individuen einen Unterschied machen können und andere keinen. Wir müssen erkennen, daß Kirchen, Regierungen und Körperschaften von Individuen gemacht wurden und daß diese Individuen voneinander getrennt sind. Jeder einzelne will auf der Grundlage seines/ihres Selbst eine bessere Welt, eine Welt, in der es keinen durch Hunger verursachten Tod mehr gibt.

Die Verwirklichung einer Welt ohne Hunger wohnt dem Individuum inne — Dir, genau jetzt. Der Hungertod ist nicht unvermeidbar, und Dein aktiver Beitrag wird einen Unterschied machen. Wenn Du, nachdem Du Buch VI gelesen hast, diese Dinge weißt, dann *wirst* Du in Hinblick auf das Problem des Hungers aktiv werden, und Dein Handeln *wird* einen Unterschied machen. Wenn die Beendigung des Hungers in unserer Welt nicht dem einzelnen innewohnt, dann wohnt sie nirgendwo.

Kapitel 2

Die Zeit ist reif für die Idee

Erst mache Dir die Idee klar, dann lebe die Klarheit, indem Du mit anderen Menschen kommunizierst und indem Du handelst.

Augenscheinlich ist alles hoffnungslos. Scheinbar geht alles, was von irgendeinem von uns getan wird, in der Masse dessen unter, was von uns allen getan wird, und im Durchschnitt bringt es nichts. Augenscheinlich sind wir alle Moleküle in einer Tasse Wasser und wir bewegen uns blindlings und heben uns gegenseitig in unserer Wirkung auf, so daß keiner von uns einen wahren Unterschied machen kann. Niemand entkommt der Tasse. In einer solchen Situation erscheint es weise, sich nicht mehr zu bewegen oder sich zumindest auf gut Glück und ohne Ziel zu bewegen, und das ist das, was die meisten von uns in den meisten Angelegenheiten unserer Welt tun. Große Führer, die glauben, daß sie einen Unterschied machen, scheinen durch andere große Führer, die meinen, daß sie in der entgegengesetzten Richtung einen Unterschied machen sollten, aufgehoben zu werden. Das ist die Bedingung des menschlichen Lebens (Conditio humana), und sie sollte so sein, *solange wir aus Staub sind und zu Staub wieder werden. Solange wir da enden, wo wir begonnen haben, solange sollte alles ausgelöscht werden.*

All das ist wahr, es schreibt uns jedoch nicht vor, wie wir das Spiel des Lebens zu spielen haben. Auf dem

Grund eines jeden menschlichen Herzens gibt es die tiefe Sehnsucht, das menschliche Leid zu beenden. Es gibt Menschen, die dieses Buch genau jetzt lesen und sich wünschen, das Ende des Hungers möge wahr werden, obwohl sie wissen, daß das nicht möglich ist. Ich behaupte, sie *wissen* es. Daraus ergibt sich die Frage: „Wie *verursacht* man das Ende des Hungers?“ Es hat sich gezeigt, daß viele menschliche Probleme, die in der Vergangenheit unvermeidbar schienen, gelöst werden konnten, *jedoch nur, wenn die Lösung des Problems zu einer Idee wurde, deren Zeit gekommen war*. Das Ende der Pocken zum Beispiel war zweihundert Jahre, nachdem der entsprechende Impfstoff entwickelt worden war, erreicht. Die Pocken existierten im Kontext der Unvermeidbarkeit bis ungefähr 1950, als das Ende der Pocken zu einer Idee wurde, deren Zeit gekommen war. Jeder wußte, daß die Entsendung eines Menschen auf den Mond unser Leben lang unmöglich sein würde, bis die Zeit für die Idee in den sechziger Jahren reif geworden war. Viele von euch, die das jetzt lesen, halten die Raumfahrt für selbstverständlich, aber es gab einmal eine Zeit, in der die Haltung herrschte: „Wenn Gott gewollt hätte, daß der Mensch auf dem Mond ist, dann hätte er ihn dorthin gebracht.“ Die Mondfahrt schien damals genauso unmöglich wie heute das Ende des Welthungers.

Wie wird die Zeit reif für eine Idee? Wenn wir die Beendigung des Hungers zu einer Idee machen könnten, deren Zeit gekommen ist, dann wäre der Anfang für das Ende des Hungers geschaffen. Wie also wird die Zeit reif für eine Idee? Die Antwort ist so entwaffnend einfach, daß es mir fast peinlich ist, sie Dir zu verraten: Die Zeit wird reif für eine Idee, indem man zum Beispiel sagt: „Das Ende von Hunger und Hungertod ist eine Idee, deren Zeit gekommen ist.“ Lebe dann Dein Leben aufgrund der Wahrheit, die Du festgestellt hast. John F. Kennedy stellte in den frühen sechziger Jahren fest: „Am Ende dieses Jahrzehnts wird ein Mensch den Mond betreten." Die Menschen waren verschiedener Meinung darüber, ob das möglich gemacht werden könnte oder gar sollte, und darüber, wie es geschehen sollte, wenn es möglich wäre. Gegen den Widerstand, oder vielleicht sogar bestärkt durch den Widerstand, betrat ein Mensch vor dem Ende jenes Jahrzehnts den Mond.

Die Zeit für eine Idee wird also dadurch reif, daß Du die Idee formulierst und Dein Leben dann aus dieser Formulierung heraus lebst. Wenn es ein Geheimnis gibt, wie die Dinge im Leben verwirklicht werden können, dann ist das das ganze Geheimnis. Gegen jede Idee gibt es eine Opposition, und deshalb wird es auch eine Opposition gegen die Idee der Beendigung des Hungers geben. Einige werden denken, daß es unmöglich sei. Andere werden denken, daß es nicht möglich gemacht werden sollte. Viele werden denken, wenn es getan werden soll, dann wird Gott es tun. Wie können all diese verschiedenen Standpunkte die Beendigung des Hungers unterstützen?

Um die Frage zu beantworten, mußt Du Dir in Erinnerung rufen, daß im Grunde des Herzens jedes Menschen die Sehnsucht nach dem Ende unnötigen menschlichen Leidens liegt. Ungeachtet dessen, was Menschen denken, was möglich oder nicht möglich ist, und ungeachtet derer, die es als „richtig" ansehen, daß Menschen leiden sollen und hungern, existiert die profunde Sehnsucht, das Ende des menschlichen Leides zu sehen. Sogar die Rache im Herzen eines Kriminellen beruht auf dieser Sehnsucht. Die Unmenschlichkeit zwischen Menschen entspringt nicht der menschlichen Natur, sondern einer Fehlinformation. Unser Glaube an Mangel und Unvermeidbarkeit zerstört den Ausdruck unseres Wesens.

Du wirst das erkennen, wenn Du Dein Herz befragst, das Herz eines menschlichen Wesens. Wenn Du weißt, daß Hunger nicht unvermeidbar ist, daß es keinen Mangel gibt, und daß Überbevölkerung nicht Hunger zur Folge haben muß, daß Dir von Deinem Teil nichts weggenommen, sondern durch die Beendigung des Hungers etwas hinzugefügt wird, und wenn Du darüber hinaus sicher sein kannst, daß das möglich ist, dann wirst Du handeln, und Du wirst sofort im Interesse der Menschheit handeln. Du weißt auch, daß andere, die dieses Wissen haben, auch handeln, und Du kannst Dir der Ergebnisse sicher sein. Das ist eindeutig. Was fehlt, sind die Fakten. Du kannst davon ausgehen, daß die Menschen aufgrund der Fakten wirkungsvolle Maßnahmen ergreifen. Es kann sein, daß diese Maßnahmen nicht in *Deinem* Sinn sind und Dir kontraproduktiv erscheinen. Trotzdem werden die Maßnahmen, die aufgrund des Wissens um die Fakten dieses Buches ergriffen werden, als solche effektiv sein.

Wenn Du die Fakten kennst, wirst Du ein Gefäß, das den Anfang vom Ende des Welthungers beinhaltet. Durch die Weitergabe der Fakten an andere erschaffst Du neue Gefäße, die das Ende des Hungers beinhalten, und jedes Gefäß wird auf seine eigene Art so vollständig sein wie ein Hologramm: Wenn Du eine holographische Platte in viele Teile zerbrichst, dann zeigt jedes einzelne Teil immer noch das ursprüngliche Bild in seiner Gesamtheit.

Du bist das Ende des Hungers, und dieses Buch beinhaltet die Information, die es Dir erlaubt, als Individuum einen Unterschied zu machen.

Kapitel 3

Die Statistiken

Die Statistiken über den Hunger werden Dich verfolgen, und das soll so sein. Die Menschen sterben jedoch nicht statistisch, sie sterben einer nach dem anderen, sie sterben qualvoll, und sie sterben unnötigerweise.

Die Statistiken über den Verlust menschlichen Lebens durch Hunger und Unterernährung sind nicht die einzigen Fakten zum Thema, aber sie stehen vor allen anderen Fakten und sollten dringend erinnert werden, damit wir das vollständige Ausmaß des Problems begreifen können. Da Hunger in anderen Ländern stattfindet, sieht es so aus, als ob er in einer anderen Welt stattfindet. Die Wahrheit ist aber, daß wir in einer Welt leben, ungeachtet der künstlichen und imaginären Linien, die auf der Karte als Grenzen um einzelne Länder gezogen sind. Es ist unsere Welt; es ist Deine *Welt, in der die Menschen an Hunger sterben. Es gibt ein grundsätzliches und fundamentales Menschenrecht, dem gegenüber wir nicht wahrhaftig sind: das Recht, das eigene Leben von Tag zu Tag zu erhalten und die dafür nötige Ernährung zu haben.*

In unserer Welt sterben jährlich fünfzehn bis zwanzig Millionen (!) Menschen an Hunger. Zwanzig Millionen Menschen sind das Äquivalent der Einwohnerzahl von *zwanzig amerikanischen Großstädten*. Es ist buchstäblich ein Berg von Menschen, soviel, als ob Hiroshima jeden dritten Tag stattfindet, und es geschieht in Deiner Welt.

Drei Viertel dieser Menschen sind Kinder unter sechs Jahren. Das heißt, daß wir achtundzwanzig Menschen pro Minute verlieren, von denen einundzwanzig Kinder sind. Ist es da ein Wunder, daß wir uns des Ausmaßes der Tragödie nicht bewußt sind? Ist es ein Wunder, daß wir unseren Glauben dem Mangel an Nahrung zugewandt haben und darauf gekommen sind, das menschliche Leid für unvermeidbar zu halten? Mit Statistiken wie dieser müssen wir entweder unser Nichtstun rationalisieren, oder wir müssen entschieden und sofort handeln. Die meisten von uns haben das Problem verdrängt. Da es uns als unvermeidbar erscheint, können wir es genausogut vergessen.

Wenn Dich diese Zahlen verfolgen, dann ist das richtig so. Sie beziffern den Verlust von zwanzig Millionen Menschen Jahr für Jahr. Sie sind Deine Mitmenschen und drei Viertel von ihnen sind Kinder. Zwanzig Großstädte; achtundzwanzig Menschen pro Minute.

Menschen sterben jedoch nicht statistisch, sie sterben einer nach dem anderen, sie sterben qualvoll, und sie sterben unnötigerweise.

Kapitel 4

Die Fakten

Das Individuum, gelebt als Selbst aller Menschlichkeit, bewirkt den Unterschied für die Beendigung des Hungers.

Es hat nie einen Zweifel darüber gegeben, daß wir in einer Welt leben. Sogar als die Menschen noch glaubten, daß die Erde eine Scheibe ist, war die Idee von einer Welt allgemein anerkannt. Erst in der jüngeren Zeit kam die irrationale Idee auf, daß dies nicht eine Welt sei. Ich sage „irrational", weil, obwohl niemand behauptet, daß Menschen auf einem anderen Planeten verhungern, wir so handeln, denken und unser Leben planen, als ob menschliches Leid in einer anderen Welt, getrennt von unserer eigenen, stattfinden würde. Manche religiösen Bewegungen gründen ihre Glaubensbekenntnisse auf der irrationalen Idee, daß sie in einer anderen Welt, getrennt von anderen existieren oder existieren werden. Regierungen planen und machen ihre Politik so, als ob jedes Land eine eigene Welt sei. Die künstliche Unterteilung von Landmassen und Kulturen scheint die Idee von einer Vielzahl von Welten zu unterstützen.

Politiker sprechen so, als ob Amerika seine eigenen Interessen wahren dürfe, ohne dabei die Interessen aller Menschen zu schützen. Wirtschaftsexperten erstellen Pläne, die den Erfolg einiger Länder auf Kosten anderer bringen sollen. Wir alle scheinen zu denken, daß wir in einer Welt getrennt vom Rest der Menschheit leben. Sogar unsere sehr persönlichen und familiären Beziehungen sind so strukturiert, daß sie Distanz, Trennung und Abgeschlossenheit anderen gegenüber zur Schau stellen.

Die Wahrheit über unsere Welt kannst Du von niemandem erfragen, weil man Dir immer wieder neue Versionen derselben alten Lüge erzählen wird. Du kannst die Wahrheit über unsere Welt nicht dadurch erschaffen, daß Du dich auf das verläßt, was Du gelernt hast. Du hast jede Menge Lügen gelernt und wirst die Wahrheit über unsere Welt solange nicht kennen, *bis Du weißt, daß Du nichts weißt*. Der Gedanke, Du wüßtest Bescheid, ist von keinerlei Bedeutung. Du wirst die Wahrheit über unsere Welt solange nicht erschaffen, wie Du nicht gewillt bist, von vorn anzufangen, von dem Punkt an, als Du noch nicht so schlau warst. Wenn Du übrigens so schlau bist, warum verhungern dann die Menschen weiterhin auf demselben Planeten, auf dem Du lebst?

Um also die Wahrheit über unseren Planeten zu erschaffen, mußt Du bei jenen unerforschten Fakten beginnen, die niemals ein Mensch mit Hirn in Betracht ziehen würde. Einige dieser Fakten sind:

- Alle Menschen leben in einer Welt.
- Transporte um die Welt sind eine Frage von Tagen.
- Eine Nachricht kann mit Lichtgeschwindigkeit übermittelt werden.
- Du kannst mit Menschen aus aller Herren Länder relativ preiswert kommunizieren.
- Nahrung kommt aus aller Welt.
- Organisationen werden von Individuen gemacht.
- Regierungen werden von Individuen gestellt.
- Länder sind die Summe von Individuen.
- Der momentane Zustand der Welt wurde von Individuen geschaffen.

- Du bist ein Individuum.
- Individuen gestalten das zukünftige Schicksal der Menschheit.

Diese unbestreitbaren Fakten beweisen, daß Deine Einzigartigkeit *den* Unterschied im Schicksal der Welt bewirkt. Natürlich gibt es Organisationen, Regierungen und Nahrungsmittelkonzerne, und natürlich sind diese Konzerne Teil unseres Problems, weil sie von Glaubens- und Verhaltensmustern beherrscht werden, die sie so handeln lassen. In einer Welt jedoch, in der mit Lichtgeschwindigkeit kommuniziert wird, bist Du dem Problem sehr nah.

Ich will besonders betonen, daß es im Problemfeld des Welthungers keine Verbrecher gibt. Selbst der Chef des größten internationalen Nahrungsmittelkonzerns ist kein Verbrecher. Er glaubt lediglich an dasselbe, woran Du und ich geglaubt haben: an den Mangel an Nahrung und die Unvermeidbarkeit menschlichen Leids. Wenn er die Erfahrung hätte machen können, daß er einen Unterschied für das Hungerproblem bewirken kann, dann würde er nicht nur auf seinen Profit verzichten, er würde sein Leben geben, um diesen Unterschied zu bewirken. Du würdest genauso handeln.

Kapitel 5

Eine Einführung in die Geschichte des Hungers

Die Kolonialisation hat Kräfte wirksam werden lassen, die den Hunger bis heute an seinem Platz halten.

Vor einigen hundert Jahren hat die Menschheit eine koloniale Bewegung begonnen, innerhalb derer einige reiche, mächtige und erfinderische Nationen Länder und Meere überquert und ihre Macht über Ländereien, Farmen und Geschäfte anderer Menschen ausgeübt haben, über andere Mitglieder der menschlichen Familie. Es geschah als Folge eines Abenteurergeistes und einer erweiterten Technik des Verkehrswesens.

Wir haben unsere Regierungen auf den Boden anderer Nationen gesetzt und diese regiert. Wir haben unsere Sitten, unsere Sprache und unsere Gebräuche dorthin gebracht. Nicht als Verbrecher, sondern als Menschen betrachteten wir diese Kulturen als rückständig, und aus unserer Vorstellung über Menschlichkeit heraus haben wir alles in unserer Macht stehende getan, sie zu modernisieren und deren Menschen zu „zivilisieren". Wir brachten unsere Vorstellungen über Landwirtschaft nach Asien, Afrika und Lateinamerika. Als mächtige Eroberer haben wir den Menschen eingeredet, daß es zu ihrem besten ist, die landwirtschaftlichen Methoden zu ändern, die sie über die Jahrhunderte entwickelt hatten, obwohl durch diese Methoden ihre Menschen ausreichend ernährt worden waren. In einigen Fällen haben wir den Zug von Nomaden unterbrochen, obwohl bis dahin ihr Anteil am landwirtschaftlichen System der Länder, durch die sie zogen, ganz entscheidend für das ökonomische und ökologische Gleichgewicht des Landes und der Bevölkerung gewesen war. Wir haben Grenzen um Gebiete gezogen und da Länder entstehen lassen, wo es vorher keine gegeben hatte, zu dem einzigen Zweck, die Menschen dort zu ihrem „besten" zu kontrollieren, damit sie uns ähnlicher würden. All dies und mehr geschah in unserer Welt, und die Folgen sind heute noch immer deutlich.

Wir sind inzwischen derart davon überzeugt, daß nichts getan werden kann, daß wir uns jetzt nicht einmal über die Geschichte des Hungers in unserer Welt informieren. Wir sind ignorant; wir sind nicht dumm, sondern einfach nur uninformiert.

Kapitel 6

Der Entwicklungsprozeß des Hungers

Hunger in seinem ungeheuren Ausmaß ist nicht durch ein oder mehrere Ereignisse entstanden, sondern durch einem fließenden Prozeß, der von falschen Glaubensinhalten getragen wurde.

Hungersnöte hat es in unserer Geschichte immer wieder gegeben, aber die Menschen waren ihnen nie so nachhaltig ausgeliefert wie in der heutigen Zeit. Warum ist das so? Ist unsere allmächtige Technologie nicht in der Lage, eine Pufferzone zwischen Dürreperioden, zeitweiliger Nahrungsknappheit und den Menschen herzustellen? Sie sollte das schaffen, tut es aber nicht. Niemals zuvor in der Geschichte der Welt sind die Menschen in derart hohen Zahlen verhungert wie heute. Nie zuvor mußten ein Viertel der Menschheit an Unterernährung leiden und bis zu zwanzig Millionen Menschen jährlich an Hunger oder durch Hunger verursachte andere Krankheiten sterben. Warum ist das so? Was geschieht?

Eine der Ideen, die wir in die von uns kolonialisierten Länder gebracht haben, ist die des Exportes nationaler Monokultur. Zur Anlage riesiger Monokulturen von Tabak, Kaffee, Kakao, Tee, Bananen, Kokosnüssen und anderen Spezialitäten wurde Land vernichtet. Einzelne Länder bauten nicht mehr eine vielseitige Ernährung für den eigenen Bedarf an, sondern nur noch spezielle Pflanzen für den Verbrauch des Kolonialherren.

Eine erschreckende Folge der Monokultur ist die Tatsache, daß das gastgebende Land nicht an Reichtum dazugewann, sondern seinen Reichtum verlor, zusammen mit der Fähigkeit, sich selbst zu ernähren. Wie konnte das geschehen? Es geschah, weil der Besitz von Land in die Hände einiger weniger Menschen fiel. Sie waren keine Verbrecher, sondern Menschen wie Du und ich, die glaubten, das beste für sich und das eigene Land zu tun. In einigen Fällen wurde der Prozeß durch den Militäreinsatz der Kolonialmacht beschleunigt, immer in der festen Überzeugung, alles zum besten des gastgebenden Landes zu tun. Es geschah in gutgemeinter Absicht. *Wenn wir das nicht begreifen, dann werden wir das Problem niemals lösen.*

Kleine Bauern, die vorher ihre eigene Nahrung und die für ihre Nachbarn produziert hatten, begannen damals, lukrative Monokultur zu betreiben. Später wurden sie von ihrem Land durch Großgrundbesitzer verjagt, die wiederum die Bauernfamilien als Landarbeiter anheuerten, damit sie auf den Feldern arbeiten, auf denen die Großgrundbesitzer gewinnträchtigen Anbau für den Export in andere Länder betrieben. Jene ehemaligen Bauern und deren Nachfahren, heute Landarbeiter, bekamen und bekommen Löhne von den Großgrundbesitzern anstelle von Nahrung als Produkt der eigenen Arbeit. Ihnen wurde das Recht auf ihr eigenes Land genommen und die Löhne, die sie nun bekommen, reichen meist nicht aus, um davon Nahrung (von der die meiste importiert ist) auf dem örtlichen Markt zu kaufen. Menschen, die sich vorher selbst ernähren konnten, sind dazu jetzt nicht mehr in der Lage, weil sie das dazu notwendige Land nicht besitzen. Im Laufe der Zeit sind die, die wußten, wie man Land bebaut, entweder alt geworden oder schon gestorben, und jetzt fehlen bei vielen die Fähigkeit und das Wissen, ihre eigene Nahrung so wie ihre Väter und Vorväter zu produzieren. Die Erfahrung hat trotzdem gezeigt, daß sie schnell lernen und wieder zu kompetenten Bauern werden, sobald sie Land bekommen.

Im Prozeß dieser Ereignisse sind über die Jahrhunderte gigantische internationale Nahrungsmittelkonzerne entstanden. Sie sind gekommen, das haben Land gekauft und eine spezielle Pflanze eingeführt, sie haben die Arbeit organisiert und das Geld, das aus dem Anbau floß, außer Landes gebracht. Inzwischen ist daraus ein Multi-Millionen-Dollar-Geschäft geworden. Einzelne innerhalb dieser Konzerne kontrollieren ungeheure Mengen Geld und haben dadurch die Möglichkeit, Einfluß auf die Regierungspolitik der ganzen Welt zu nehmen.

Die Überzeugung, die erklären soll, warum Menschen im Lauf der Geschichte zunehmend leiden, heißt ungefähr so:

1. Menschen sind grundsätzlich dumm und, sich selbst überlassen, nicht in der Lage, sich zu ernähren; deshalb müssen wir uns um sie kümmern.
2. Es herrscht ein Mangel an Nahrung in der Welt, und das stetige Anwachsen der Weltbevölkerung übersteigt unwiderrufbar unsere Möglichkeiten, alle Menschen zu ernähren.
3. Die Entwicklung großer, zentralisierter Farmen ist unvermeidbar, weil diese Form der Nahrungsproduktion mehr Nahrung produziert und deshalb mehr Menschen ernähren kann.
4. Das menschliche Leid ist grundsätzlich unvermeidbar, und egal, was wir tun, Menschen werden immer verhungern.

Wir müssen erkennen, daß es sich hier um eine Entwicklung und nicht um ein einzelnes Ereignis handelt. Niemals hat ein einzelner Mensch gesagt: „Laßt uns einen Plan entwerfen, der ermöglicht, daß nur einige wenige Menschen sich ernähren können und andere nicht." Das ist so nicht geschehen. Was geschehen ist, geschah als Entwicklungsprozeß, der Schritt für Schritt von einem Glaubenssystem unterstützt und getragen wurde. Die daran beteiligten Menschen glaubten tatsächlich, daß sie das Richtige tun. Es mag uns heute als dumm erscheinen. Es ist nicht dümmer als der Gedanke, daß in der Gegenwart nichts getan werden kann, um den Hunger zu beenden.

Eine Überzeugung erwähne ich erst jetzt, weil sie sich dermaßen in unseren Köpfen festgesetzt hat, daß sie besonderer Aufmerksamkeit bedarf. Es ist die Überzeugung, daß „Überbevölkerung" den Tod durch Verhungern verursacht. Dazu benötige ich ein eigenes Kapitel.

Kapitel 7

Die Beziehung zwischen Armut und Bevölkerungszuwachs

Anhand der Fakten wirst Du verstehen, daß eine hohe Geburtenrate das Zeichen für die Intelligenz hungernder Menschen ist.

Es besteht eine Beziehung zwischen Bevölkerungszuwachs, Hunger und Armut, die noch nicht richtig erkannt ist. Menschen glauben immer an das, was ihnen ein Gefühl von Komfort und Sicherheit vermittelt, und im Hinblick auf das Thema des Hungers in unserer Welt hat sich ein Glaubenssystem entwickelt, das unbewußt und unüberprüft ist. Die Theorie sieht ungefähr so aus: „Menschen in unterentwickelten Ländern sind von Natur aus minderwertig. Es ist traurig, daß sie in Armut leben müssen, aber es ist unvermeidbar. Wenn wir alles Geld in der Welt noch einmal verteilen würden, würde es aufgrund unserer überlegenen Intelligenz in nur wenigen Wochen wieder in unsere Hände gelangen. Auch wenn wir die Armut beseitigen könnten, würde der Hunger weiter existieren, weil es immer zu wenig Nahrung für alle gibt. Wir sehen, daß Menschen in unterentwickelten Ländern sich doppelt so schnell vermehren wie in anderen Teilen der Welt, weil sie dumm sind und nicht wissen, was das beste für sie ist. Wenn sie sich nicht so schnell vermehren würden, dann gäbe es genug Reichtum für alle, ohne daß die existierenden ökonomischen Strukturen, die die Armut verursachen, verändert werden müßten.“

Diese Theorie beschreibt den Bevölkerungszuwachs als Ursache von Hunger und Armut in folgender Weise:

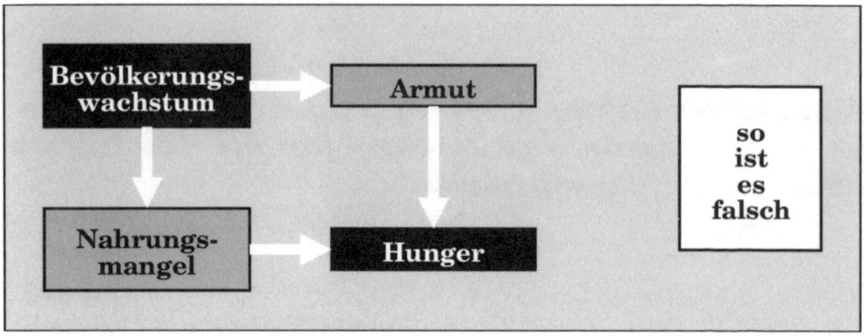

Solange wir glauben, daß sich die Menschen aus Dummheit schneller vermehren, sind wir überzeugt, daß die einzig mögliche Lösung eine verstärkte Geburtenkontrolle ist.

Ich kann Dir gar nicht sagen, wie absurd das ist. Es läuft den Tatsachen absolut entgegen, weil es sich hierbei grundsätzlich um ein nachträglich entwickeltes Glaubenssystem handelt, das den einfach denkenden Menschen die verwirrenden Ergebnisse der Kolonialisierung von „unterentwickelten“ Ländern erklären soll.

So sieht die wahre Beziehung zwischen Bevölkerungszuwachs, Armut und Hunger aus:

Wie kann das möglich sein? Es hat sich herausgestellt, daß die Menschen in unterentwickelten Nationen nicht so dumm sind, wie wir gern glauben. Als die Wirkung der Kolonialisierung eintrat und der Reichtum aus den gastgebenden Länden floß, setzte eine ausgedehnte Verarmung ein. Ehemalige Bauern wurden Arbeiter und bekamen Löhne, die nicht ausreichten, um ihre Familien zu ernähren. Der Hunger wurde Wirklichkeit für ein Viertel der Weltbevölkerung. Eltern sahen ihre Kinder an Hunger oder an durch Hunger verursachten Krankheiten sterben. Weil aber diese Kinder, vor allem die männlichen Geschlechts, Quelle der Sicherheit für die Altersversorgung sind (in den meisten Teilen der Welt gibt es keine soziale Sicherheit) und weil darüber hinaus achtzig Prozent dieser Kinder an Unterernährung sterben, bevor sie das sechste Lebensjahr erreicht haben, müssen Eltern mindestens acht bis zehn Kinder haben, um ein oder zwei männliche Erben hervorzubringen. Daher haben arme Menschen *als Folge ihrer Intelligenz* sehr viel mehr Kinder, als die, die von der Armut nicht so betroffen sind. Die zusätzlichen Hände werden für anfallende Arbeit gebraucht, und die Söhne werden für das Alter gebraucht. Wir in den Vereinigten Staaten wurden nach den Revolutionskriegen, Gott sei Dank, nicht zu einem kolonialisierten Land, und wir wurden nicht ausgebeutet für das Wohlergehen eines anderen Landes. Wir blieben zur Weiterentwicklung fähig und konnten die Früchte der Arbeit unserer wachsenden Bevölkerung (= Arbeitskraft) ernten. Andere Menschen hatten nicht so viel Glück.

Die Entwicklung der Länder wie USA, Japan und Europa, die das Glück hatten, durch die industrielle Revolution ganz vorn zu sein, sah so aus: Das sich stetig verbessernde Gesundheitswesen reduzierte die Sterberate und erhöhte damit die Bevölkerungszahl. Die Verdrängung der Menschen von ihren Arbeitsplätzen durch Maschinen hat einen Grad der Armut und Unsicherheit geschaffen, der seinerseits den Bevölkerungszuwachs beschleunigte. Dieser Prozeß hätte dasselbe Leid bedingt, das wir jetzt in den unterentwickelten Ländern sehen, wenn nicht zwei Umstände hinzugekommen wären: Erstens hatte die Industrialisierung eine gewisse Anzahl von Arbeitsplätzen für die ehemaligen Handwerker bei minimaler Entlohnung geschaffen. Zweitens brachte die Kolonialisierung sehr viel Reichtum ins Land. Daher wurde die Armut in den industrialisierten Ländern abgewendet, so gesehen, auf Kosten der restlichen Welt. Der Bevölkerungszuwachs wurde kontrollierbar als Folge der Sicherheit, die Du und ich bezüglich eines relativ hohen Lebensstandards und bezüglich der Tatsache haben, daß wir unsere Existenz im Alter abgesichert wissen, ob wir Kinder haben oder nicht.

Die bittere Wahrheit ist, daß es niemals so hätte kommen müssen. Wir mußten keine Kolonialmächte werden, um uns Ressourcen zu sichern. Ressourcen gibt es überall im Überfluß. Sie werden durch unsere industriellen und landwirtschaftlichen Prozesse gerade erst erschlossen. Die Plünderung anderer Länder fußt auf dem Glauben an Mangel. Bei uns herrscht die Überzeugung, daß wir auf die Ressourcen anderer Länder angewiesen sind und daß es keinen Überfluß für alle gibt. Die Absurdität all dessen ist verwirrend.

Ein vollständiges Ursache-Wirkung-Diagramm in bezug auf Geburtenraten sieht so aus wie auf der gegenüberliegenden Seite.

Die einzig effektive Geburtenkontrolle ist die Linderung der Armut. Andernfalls sind Kondom, Diaphragma, die Pille und Aufklärung sinnlos.

Wir müssen wissen, daß der Entwicklungsprozeß der Armut bis zum heutigen Tag andauert. Obwohl offiziell der Kolonialismus formal nicht mehr besteht, existieren landwirtschaftliche und ökonomische Muster, die durch die Kolonialisierung eingeführt wurden. Sie widerstehen

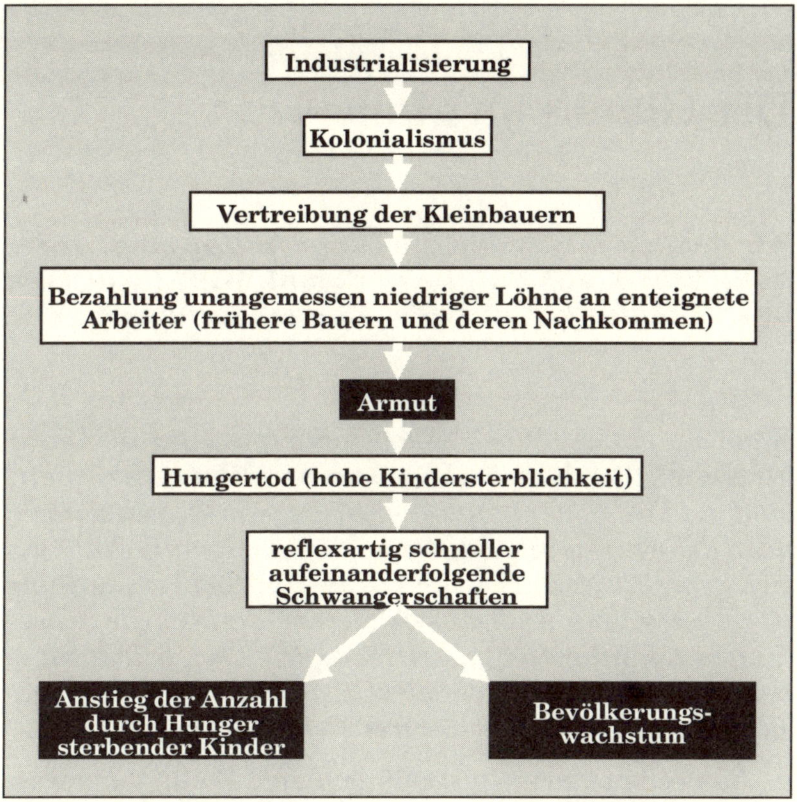

jeder Veränderung, bedingt durch den unerschütterlichen Glauben an Nahrungsmangel und die Unvermeidbarkeit menschlichen Leidens. Ich werde keine Lösungen vorschlagen. Du bist intelligent genug, Dir selbst welche zu erarbeiten. Lösungen setzen eine neue ökonomische Ordnung voraus und eine Welt, die für jeden ohne Ausnahme funktioniert. Nur Du kannst eine solche Welt erschaffen. Solltest Du jemals dein Leben langweilig finden, dann denk' daran, daß es genügend Arbeit gibt, die nur Du tun kannst.

Kapitel 8

Der Glaube an Mangel

Wir denken nicht, daß die Dinge knapp sind. Jeder kann sehen, daß das nicht stimmt. Wir alle denken unsere Gedanken aus dem Mangel heraus.

Wenn wir mit der Tatsache konfrontiert werden, daß mehr als eine Milliarde Menschen in unserer Welt unterernährt sind, und wenn wir in unseren Herzen die Welt entdecken, nach der wir uns sehnen, dann wird die Conditio humana zu einem Rätsel. Angenommen, unsere Macht als Gattung ist unbestreitbar groß, unsere Herrschaft über die Schöpfung vollständig und unsere Fähigkeit, soziale Institutionen zu erschaffen, gut entwickelt, dann ist es wirklich absurd, daß Menschen in unserer Welt verhungern.

Menschen haben niemals geplant, Bedingungen zu schaffen, unter denen andere Menschen verhungern müssen. Sie wollten Profite machen und zweifellos politische Macht bekommen, aber sie hatten niemals die Intention, andere Menschen verhungern zu lassen. Wie konnte es trotzdem dazu kommen? Es geschah aus Ignoranz; wir haben uns die Folgen unserer Taten nicht bewußt gemacht. Unsere Taten haben Folgen. Im Moment der Enteignung von Bauern durch die Zentralisierung der Erzeugerkapazitäten in einigen wenigen Händen, begleitet durch die Spezialisierung im Anbau für den Exportverkauf, ist die Folge der Hungertod durch Armut. Das war zwar nicht das geplante Ergebnis, aber eindeutig der nicht einkalkulierte Nebeneffekt von Profit- und

Machtakkumulation. Als es geschah, haben die Menschen nach einer Erklärung gesucht. Welche Erklärung ist befriedigender als die des Mangels?

Wenn es nicht genug zu essen gibt, dann verhungern offensichtlich einige Menschen. Wir geben ihnen die Schuld für ihr Verhungern und kommen mit der Erklärung der „Überbevölkerung“. Wenn die kleinen „Soundsos“ nicht so viel und so häufig Nachwuchs hätten, könnte es genug Nahrung geben. Keiner müßte hungern. So entstehen die Lügen. Wenn sie auch keine willentlichen Lügen sind, sondern Erklärungslügen, so bleiben sie trotzdem Lügen. Wir glauben diese Lügen und tun bis jetzt im wesentlichen nichts, was effektiv ist.

Wenn Du an Mangel als Erklärung für den Zustand der Welt glaubst, dann kannst Du es nicht bei dieser einen Erklärung für die Welt belassen. Wenn Du wirklich an Mangel glaubst, dann mußt Du auch an Deinen eigenen Mangel glauben. Ist es nicht erstaunlich, daß die meisten Amerikaner sich trotz ihres ungeheuren Reichtums große Sorgen darüber machen, ob sie genug Geld verdienen, und daß, unabhängig davon, wieviel Geld sie machen, es ihnen nie genug erscheint? Wir alle schaden uns selbst, weil wir diese Lügen glauben und erlauben. Wir empfinden uns selbst als arm! Das ist das direkte Ergebnis unserer Weltsicht. Du siehst also, daß es eine bestimmte Wirkung auf Dein Leben hat, daß Menschen in unserer Welt hungern.

Wir denken nicht, daß es einen Mangel an Dingen gibt und wir nicht genug haben. Jeder weiß, daß im Universum alles im Überfluß vorhanden und genug für alle da ist. Tatsache ist, daß wir *aus* dem Mangel *heraus* denken. Der Gedanke des Mangels ist so sehr Teil unserer Denkstruktur geworden, daß es keine Frage mehr ist, ob es Mangel gibt oder nicht. Wir denken all unsere anderen Gedanken aufgrund der unbewußten Voraussetzung von

Mangel. Ich weiß, daß ich Dir das in diesem Buch immer wieder unter die Nase reiben muß, um sicher zu gehen, daß Du Dir über die Frage des Mangels und darüber, ob die Dinge knapp sind oder nicht, Gedanken machst. Ich weiß, daß Du *aus* dem Mangel *heraus* denkst und Dir Gedanken, die nicht der Vorstellung von Mangel entwachsen, absurd erscheinen.

Es gibt keinen Mangel! Landwirtschaftsexperten sagen, daß wir gegenwärtig genügend Nahrung produzieren, um alle Menschen zu ernähren, und durch die heutige Technologie (ganz zu schweigen von den Zukunftstechnologien) die Kapazität haben, unsere jetzige Produktion zu verdoppeln. Falls Du eingeschlafen bist, wach auf, und lies den Abschnitt noch einmal. Wenn Menschen mit der Realität konfrontiert werden, kann es passieren, daß sie einschlafen. Also, wach auf!

Kapitel 9

Der Glaube an Dummheit und Faulheit

Menschen verhungern nicht, weil sie dumm oder faul sind. Hast Du das wirklich geglaubt?

Der Glaube oder das Gerücht, das Du über andere Menschen in Deinem Kopf hast, ist ein Verbrechen, das dem anderen den Sinn für Lebendigkeit abspricht. Im Fall der Armut sprechen wir nicht nur den Sinn für Lebendigkeit ab, sondern das Leben selbst. Wir behaupten, daß Menschen, die arm sind, dumm und faul sind. Wir sagen, daß sie, wenn sie es wirklich schaffen wollten, aufstehen und sich Arbeit suchen würden. Wir bewerten ganze Kulturkreise als dumm und faul. Wenn Du eine Reise durch Mexiko unternimmst, wirst Du Menschen in extremer Armut sehen. Der Reiseleiter wird behaupten, daß sie, wenn sie nur wollten, essen könnten, dafür aber zu faul seien und also nicht essen wollten! Er sagt das und glaubt selbst, daß das die Wahrheit ist.

Im Tierreich gibt es keine einzige Kreatur, die nicht weiß, was bei Hunger zu tun ist. Einige Lebewesen haben keine meßbare Intelligenz, aber sie wissen trotzdem, daß sie essen müssen, wenn sie hungrig sind. Wir haben angesichts dessen die Frechheit, zu behaupten, daß andere zu dumm und zu faul sind, das nötige Geld zum Essen zu verdienen.

Es ist vielleicht verständlich, daß wir diese Vorurteile gegenüber denen haben, die ihr Leben in Armut leben, weil wir in einer Welt leben, die uns die Macht nimmt, einen Unterschied im Problem des Hungers zu machen. Zumindest ist es bequem zu glauben, daß die, die leiden, sich das selbst ausgesucht haben.

Du sollst wissen, daß das nicht so ist. Was wir über arme Menschen denken, ermöglicht uns nur, ein bißchen weniger angeekelt von unserer Welt zu sein. Es hat damit, wie die Dinge wirklich sind, nichts zu tun. Es gibt keine Mutter, die, wenn ihr Baby vor Hunger schreit, nicht instinktiv weiß, was zu tun ist. Es gibt keinen Vater, der seinen Job schmeißt und seine Familie hungern läßt. Menschen sind nicht faul, sie sind schwach. Versuche mal, einige Tage nichts zu essen. Dann wirst Du spüren, wieviel Kraft Dir noch bleibt. Menschen sind nicht dumm, wenn sie auch langsam sind, weil ihre Gehirne aus Mangel an Nahrung nicht schnell genug arbeiten.

Die Armen haben keine Stimme. Sie haben keine Möglichkeit, Dir zu erzählen, wie ihre Wirklichkeit aussieht. Wir wollen es auch gar nicht hören. Ich mache mir nichts vor. Dies wird kein beliebtes Buch werden. Die Menschen werden es nicht auslesen wollen. Es ist nicht nett. Für jene aber mit dem Mut weiterzulesen wird die Transformation geschehen.

Wir zahlen einen hohen Preis dafür, daß Menschen verhungern. Unser persönliches Leben ist eingeengt. Durch die Überzeugungen, die den Hunger unterstützen, ist unser Leben viel weniger lebendig, als es sein könnte. Du kannst das Problem des Hungers nur um den Preis Deines persönlichen Lebens ignorieren. Du mußt die Lügen über dumme und faule Menschen aufrechterhalten, damit Du das eigentliche Problem ignorieren kannst. Sobald Du zugibst, daß es keinen Mangel gibt, daß menschliches Leid nicht unvermeidbar ist und arme Menschen weder dumm noch faul sind, wirst Du handeln müssen, und Du wirst gezielt handeln müssen. Wenn Du nicht handelst, unterstützt Du die Lügen, die den Hunger in unserer Welt ermöglichen.

Ein Menschenrecht ist ein Privileg, das Du und ich für *alle* Menschen verteidigen werden. In den Vereinigten Staaten schließt das das Recht auf Leben und Freiheit, Glück, Freiheit des Ausdrucks und so weiter mit ein. Ein anderes Menschenrecht ist das Recht auf genügend Nahrung oder die Möglichkeit, Nahrung zu beschaffen, um das eigene Leben und das der Familie zu erhalten. Dieses Menschenrecht gilt für alle Menschen, und es ist grundsätzlich einzufordern. Die Armut, die ein Viertel der Menschheit gefangenhält, ist in meiner Welt nicht erlaubt. Es ist schlecht, wenn einige wenige gut essen können, während andere ihr Leben und das ihrer Kinder durch Hunger verlieren. Aus eigener Erfahrung weiß ich, daß Menschen nicht verhungern, weil sie dumm oder faul sind, und ich glaube, Du weißt es auch.

Kapitel 10

Multinationale Nahrungsmittelkonzerne

Es gibt keine wirklichen „Verbrecher" im Problemfeld des Hungers.

Dieses Kapitel handelt von multinationalen Nahrungsmittelkonzernen. Die ökonomische Struktur, innerhalb derer sie existieren, basiert auf dem Glauben an Mangel. Dadurch entsteht eine Überstruktur aus Armut und Hungertod. Der Begriff „multinationaler Konzern" beschreibt Konzerne, die Geschäfte und Unternehmen in mehr als einem Land unterhalten. Die, mit denen wir uns hier beschäftigen, handeln mit der Produktion und dem Vertrieb von Nahrung. Ich will sie weder mit Namen nennen noch als Verbrecher hinstellen. Sie sind keine Verbrecher. Die Konzerne werden nicht von Verbrechern geleitet. Es sind Menschen, die wie Du und ich innerhalb eines Glaubensmusters leben, das unsere Realität gestaltet. Das Glaubensmuster sagt: Die Dinge sind knapp; Menschen können nicht für sich selbst sorgen; Menschen sind dumm und faul und bedürfen daher einer Leitung; menschliches Leid und der Hungertod als Folge der „Tatsache der Überbevölkerung" sind unvermeidbar.

Innerhalb dieses unerschütterlichen Glaubensmusters sind die ökonomischen Strukturen, die durch die multinationalen Nahrungsmittelkonzerne etabliert wurden, vernünftig. Es verhält sich sogar so, daß in diesem

Rahmen die Rettung hungernder Menschen mit dem Erfolg der multinationalen Konzerne zusammenfällt.

Multinationale Nahrungsmittelkonzerne besitzen mehr ökonomische Macht als die Nationen, mit denen sie Handel treiben. Das beruht auf der Tatsache, daß viele Länder auf die Produktion einiger weniger Anbaupflanzen für den Export spezialisiert und damit in Wettstreit mit anderen unterentwickelten Nationen sind, die diese Pflanzen ebenfalls anbieten. Wenn ein unterentwickeltes Land einen fairen Preis für seine Exportware verlangen will, dann kann der multinationale Konzern zum nächsten konkurrierenden, unterentwickelten Land gehen und die spezielle Pflanze dort beziehen. Die Bedrohung, die sich daraus ergibt, verbietet den unterentwickelten Ländern einen erfolgreichen Handel.

Das Geld für die Exportpflanzen geht in den Topf der sogenannten „Ausgleichszahlungen" der unterentwickelten Länder. Hierbei handelt es sich um große Summen, die einem oder mehreren der höher entwickelten Länder als Folge der Geld und/oder Technologieanleihen vergangener Jahre geschuldet werden. Die Rückzahlung der Kredite zwingt zu neuen Anleihen, das unterentwickelte Land befindet sich in einer aussichtslosen Zwangslage.

Multinationale Nahrungsmittelkonzerne sind den Bewohnern der Länder, in denen sie operieren, nicht verantwortlich. Stattdessen sind sie den Aktionären der entwickelten Länder verantwortlich, die einen gesunden bis unanständigen Profit von den Multinationalen erwarten.

Als Folge entwickelt sich eine Art vertraglich verpflichteten Sklaventums. Herrschaft der Sklaven ist die Gemeinschaft der entwickelten Länder, Sklaven sind die weniger entwickelten Länder. Das System funktioniert so, daß es den vertraglich verpflichteten Sklaven nie vollständig gelingt, schuldenfrei zu werden; sie verschulden sich im Gegenteil immer mehr. Drei Viertel der Menschheit leben auf Kosten des letzten Viertels durch ein System, das erlaubt, relativ billig Nahrung zu produzieren. Die Bauern, die diese Nahrung produzieren, werden von ihrem Land vertrieben und als dumm und faul etikettiert. Unser direktes Instrument für dieses raffinierte Kunststück heißt multinationaler Nahrungsmittelkonzern.

Wir müssen wissen, daß wir für alles die Verantwortung tragen — nicht „die anderen". „Die anderen" sind lediglich unser Werkzeug. Bevor wir — Du und ich — nicht begreifen, daß wir die multinationalen Nahrungsmittelkonzerne geschaffen haben, solange gibt es keine Hoffnung auf eine wirkliche Veränderung. Du bist jetzt für die Konzerne verantwortlich, ob Du persönlich Anteil an ihrer Errichtung hattest oder nicht. Nur Du bewirkst einen Unterschied für die Schaffung eines Systems der Gleichheit, in dem die Menschen nicht verachtet werden, einen schimpflichen Tod sterben oder den entsetzlichen Schmerz der durch Unterernährung verursachten Erkrankungen erleiden.

Es ist unnötig und auch nicht wünschenswert, daß wir einen Krieg mit den multinationalen Nahrungsmittelkonzernen beginnen. Sie werden sich zur rechten Zeit verändern. Vergiß nicht, daß sie von Individuen gemacht wurden. Jeder Mensch hat ein Herz, das dem Deinen nicht unähnlich ist.

Kapitel 11

Die medizinischen Folgen von Hunger

Wir sollten die medizinische Ursache für das Auftreten von „Dummheit" und „Faulheit" kennen.

Die Höhe des Lebensalters, das ein Mensch aufgrund durchschnittlicher Erfahrungswerte erwarten kann, ist abhängig von zwei Faktoren: 1) von ausreichender Ernährung und 2) von ausreichender medizinischer Versorgung. Von diesen beiden Faktoren ist, statistisch gesehen, die ausreichende Ernährung der bei weitem wichtigere Faktor. Ausreichende Ernährung läßt sich an drei Punkten messen: 1) an der Menge der täglich zugeführten Energie, 2) an der Menge der pro Tag aufgenommenen Proteine und 3) an der Menge der pro Tag in der Nahrung enthaltenen Vitamine. Wenn die Höhe der Energie und die Menge der Proteine ausreichend sind, ist die Aufnahme der notwendigen Vitamine ebenfalls ausreichend. Wir werden uns deshalb mit der Energie, den „Kalorien", und den Proteinen beschäftigen.

Meistens besteht gleichzeitig ein Mangel an Kalorien und Proteinen, der Klarheit halber jedoch sehen wir uns die Folgen an, wenn der eine oder der andere Mangel vorherrscht. Wenn die Kalorienzahl für ein normal aktives Leben nicht ausreicht, geschehen zwei Dinge: 1) Die Produktivität nimmt ab. 2) Die Widerstandskraft gegen Krankheiten nimmt ab. Der Betroffene verliert an Gewicht und verlangsamt auf der geistigen Ebene. Als Ergebnis der Minderung von Produktivität aufgrund einer mangelhaften Energieversorgung wächst die Armut, und die Fähigkeit, sich selbst und die eigene Familie zu ernähren, nimmt noch schneller ab. Dadurch ensteht ein Teufelskreis, ein Circulus vitiosus:

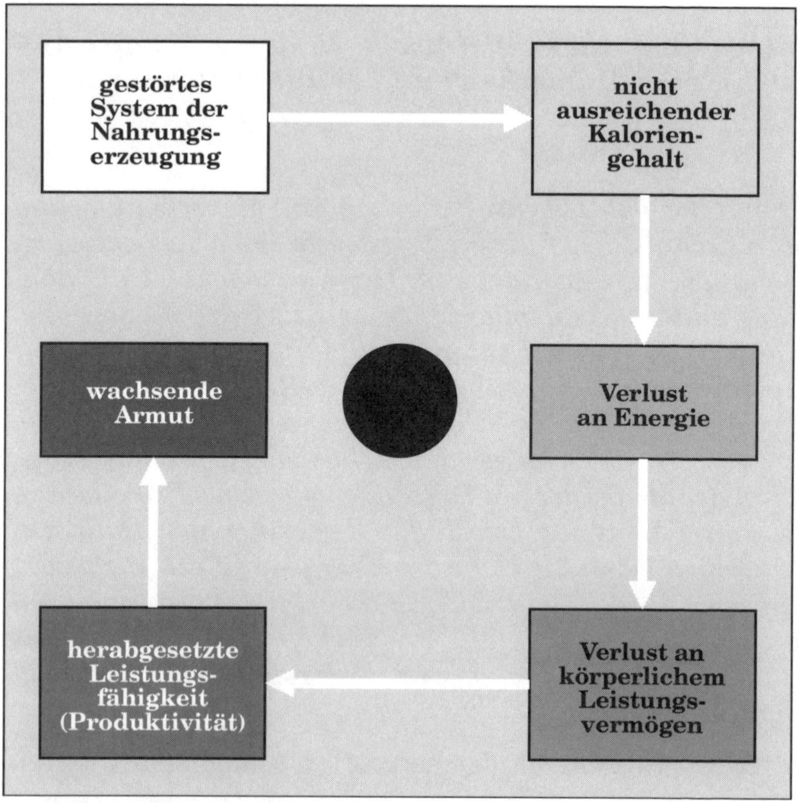

Im Extremfall bewirkt der Mangel an Kalorien einen Zustand, den wir Marasmus nennen. Die Betroffenen haben bei vollem Bewußtsein einen starren Blick mit weit aufgerissenen Augen und sehen aus wie lebende Skelette.

Das Muskelgewebe schwindet, und die scharfen Umrisse der Knochen erscheinen.

Im Unterschied dazu liegen bei dominierendem Proteinmangel sowohl Verlust an geistiger Fähigkeit und Bewußtsein als auch Muskelschwund vor. Hierbei zeigen sich die Knochen nicht, weil das Gewebe übermäßig Wasser speichert. Im Extremfall wird dieser Zustand Kwashiorkor genannt. Die Betroffenen erscheinen übergewichtig (aufgrund der Ödeme) und sie haben einen leeren Blick, so, als seien sie sich ihres Elends nicht bewußt. Wieder setzt ein Circulus vitiosus ein:

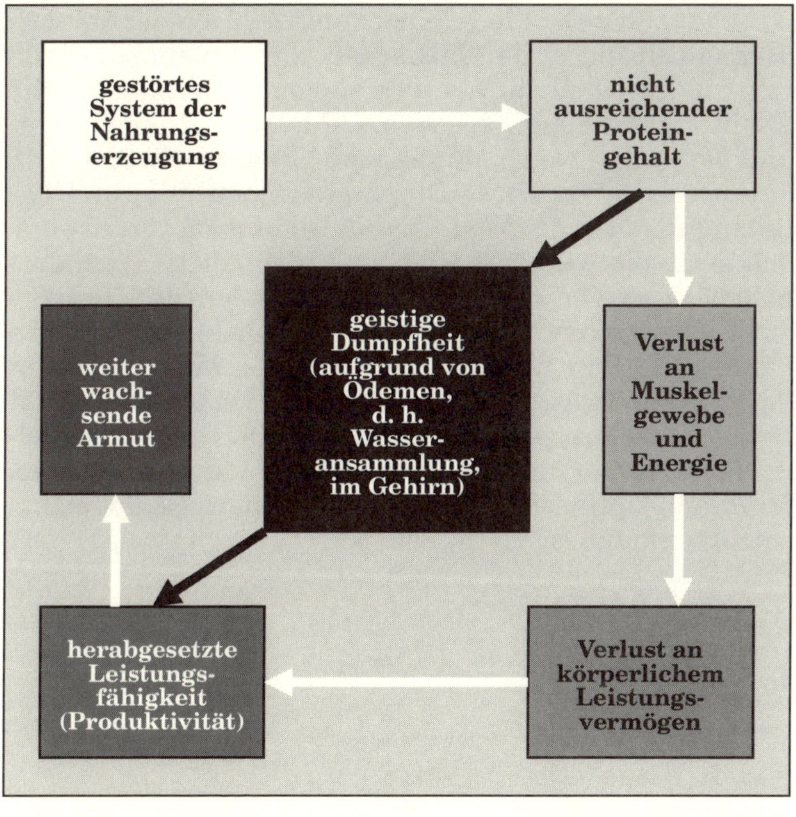

Dies soll keine medizinische Dissertation sein. Ich will zeigen, daß Menschen, die faul, arbeitsscheu und nicht sehr intelligent wirken und die darüber hinaus an Unterernährung leiden, grundsätzlich weder faul noch dumm sind. Menschen wissen, was zu tun ist, wenn sie hungrig sind. Sie wissen, daß sie arbeiten müssen, um Nahrung zu kaufen, und sie wissen, daß sie essen müssen, um arbeiten und produzieren zu können. *Und sie wollen es!* Wenn Du wirklich glaubst, daß hungernde Menschen dumm und faul sind, dann versuch selbst einmal zu hungern. Du wirst merken, daß sogar dieses kluge, energische Du dumm und faul wirken wird.

Ich erzähle Dir diese Dinge, um Dich von der Vorstellung abzubringen, daß Menschen, die arm sind, deshalb arm sind, weil sie faul und dumm sind. Wir müssen die Realität erkennen: Menschen wählen den Hunger nicht, und sie wollen weder ihre eigene Unterernährung noch die ihrer Kinder. Diese Dinge geschehen aufgrund der Bedingungen in der Welt, für die Du und ich verantwortlich sind, die wir erschaffen und nicht mehr verändert haben. Wenn Du weißt, daß Du im Problem des Hungers einen Unterschied bewirken und die Bedingung ändern kannst, die Jahr für Jahr Millionen von Menschenleben fordert, dann wirst Du alles tun. Wenn Du glaubst, damit etwas verändern zu können, würdest Du Deine materiellen Besitztümer aufgeben. Du würdest sogar Dein Leben für diesen Unterschied geben. Glücklicherweise ist nichts von all dem nötig.

Kapitel 12

Limonade in einer hungrigen Welt

Wir verkaufen an hungrige Menschen Limonade. Limonade hat keinen oder so gut wie keinen Nährwert.

Der Fall der Vermarktung von Limonade in unterentwickelten Ländern ist nicht die einzige Folge einer Mentalität, mit der die Vermarktung von Nahrungsprodukten allgemein in solchen Ländern betrieben wird. Er zeigt jedoch eindeutig einen Standpunkt, der einer besonderen Untersuchung wert ist.

Als erstes will ich definieren, was als Limonade bezeichnet wird. Grundsätzlich handelt es sich hierbei um mit Kohlensäure gesättigtes und mit künstlichen Aroma und Farbstoffen angereichertes Wasser mit Zucker oder zuckerähnlichen Ersatzstoffen. Viele Limonaden enthalten darüber hinaus Koffein für die schnelle Anregung einer milden Euphorie. Der einzige Nährstoff, der in Limonade enthalten ist, ist raffinierter Zucker — reine Saccharose. Zucker steht für Kalorien und sonst gar nichts. Limonade enthält weder Vitamine oder Proteine noch Mineralstoffe; sie enthält essentiell nichts. Im Fall der Diätlimonaden gibt es absolut keinen Nährwert für den Organismus. Sie enthalten Konservierungsstoffe — mit negativem Wert für den Körper.

Zweitens ist es wichtig zu wissen, was Menschen brauchen, deren Ernährung unzureichend ist. Sie brauchen Proteine, Vitamine, Mineralstoffe, alles in ausreichender Menge, um ein normales, aktives Leben führen zu können. Limonade enthält nichts von all dem. Sie erzeugt lediglich eine Form der Anregung von Geschmacksnerven, und ausgerechnet die können sich arme Menschen nicht leisten.

Vor diesem Hintergrund liefern Getränkehersteller ihre Limonade in unterentwickelte Länder und werben gezielt beim ärmsten Teil der Bevölkerung dafür. Die Getränke werden durch geschickte Werbung, besonders im Radio, lanciert, weil die meisten Menschen dort Analphabeten sind. Amerikanische Limonaden werden als Lebenselixier dargestellt, das der gesunde Amerikaner trinkt, und als Zeichen und Garantie für eine höhere Lebensqualität dargestellt.

Infolge dieser hirnlosen Werbung geben die Menschen das wenige Geld, das sie haben, für Limonade aus. Genau das bringt sie noch weiter weg von der Qualität angemessener Ernährung. Aufgrund der Werbespots glauben sie außerdem, gesünder zu werden, wenn sie Limonade trinken. Sie füttern sogar ihre Babys anstelle mit richtiger Nahrung vorzugsweise damit. Es gibt einen Zustand ernster Fehlernährung bei Kindern, der nach einer bestimmten Limonade benannt ist, die anstelle richtiger Nahrung gefüttert wurde.

Die Techniken, mit denen man Menschen manipuliert, diese Limonade zu trinken, sind eingehend in den Vereinigten Staaten erprobt worden. Der Unterschied besteht darin, daß die meisten Amerikaner die Aufnahme dieses Mistzeugs mit anderer, nahrhafter Nahrung kompensieren können. Für viele Bewohner unserer Erde ist das jedoch nicht der Fall.

Vielleicht klingen meine Worte wie eine Anklage gegen Limonaden-Hersteller. Ich könnte daraus eine formulieren. Viele Ernährungsexperten klagen die Getränke-Konzerne für den Schaden an, der unwissenden hungrigen Menschen zugefügt wird. Ich klage die Limonaden-Konzerne nicht an. Ich klage in diesem Zusammenhang niemanden an. Es mag schwer zu glauben sein, aber es gibt keine Verbrecher. Armen Menschen werden Limonaden aufgedrängt als Ergebnis der Bedingungen und Glaubensmuster, die wir erschaffen haben, für die Du und ich verantwortlich sind und aus denen heraus wir unser Leben leben.

Ursache dieser Bedingungen ist die grundsätzliche Überzeugung, daß menschliches Leid unvermeidbar ist und daß Menschen, wenn nicht an den Krankheitsfolgen der Limonade, an etwas anderem leiden würden. Die Hilfsvorstellung ist die, daß Mangel herrscht. Wir sagen, daß Geld knapp ist und daß wir es unter allen legalen Umständen bekommen müssen. Die meisten von uns haben Angst, ins Armenhaus zu kommen und zu hungern. Ist es ein Wunder, daß wir dieses Maß an Ausbeutung in amerikanischen Konzernen finden? Ist es ein Wunder, daß mit allen gesetzlichen Mitteln Profit gemacht werden soll? Ist es verwunderlich, daß die Fürsorge für hungrige Menschen an zweiter Stelle, weit hinter der Motivation des Profitmachens liegt? In einer Du-oder-Ich-Welt, die von den meisten von uns unterstützt wird, kann eine Person oder eine Gesellschaft nur im Verhältnis zum Verlust einer anderen Person oder Gesellschaft Gewinn machen.

Wenn also das menschliche Leid unvermeidbar ist und wir wirklich in einer Du-oder-Ich-Welt leben, dann ist jeder berechtigt, alles zu tun, was Profit bringt. Die Regel lautet dann: Mach soviel Geld, wie Du kannst, ohne dafür etwas zu tun, was Dich mit dem geschriebenen Gesetz in Konflikt bringt. So wird Limonade vieler Marken in großen Mengen weltweit getrunken. Der Durchschnittsbürger in Mexiko zum Beispiel trinkt fünf Liter Limonade pro Woche!

Natürlich stimmt es nicht, daß das menschliche Leid unvermeidbar ist. Es ist nicht wahr, daß man nur auf Kosten anderer Menschen Profite erzielen kann. Wahr ist, daß das Leben viel besser funktioniert, wenn man das begreift. Wahr ist auch, daß die momentanen Zustände nicht länger zu rechtfertigen sind. Wir rechtfertigen eher das Schlechte, das wir tun, als die Verantwortung dafür zu übernehmen.

Der Fall der Limonade wird ein interessanter Gradmesser für die nächsten zwei Jahrzehnte sein, als Widerspiegelung der Transformation von Bedingungen (Glaubensmustern), in denen wir leben.

Kapitel 13

Muttermilch kontra Milchpulver

Muttermilch ist die perfekte Ernährung für ein Baby. Trotzdem werben wir für Milchpulver als die überlegene Nahrung, und die Hungernden glauben unsere Lügen.

Die Natur ist nicht dumm. Durch die gesamte Evolution hindurch hat der menschliche Körper die denkbar perfekteste Methode entwickelt, ein Baby zu ernähren. Milch von der Mutterbrust ist die vollständige, perfekt ausbalancierte Ernährung für ein Baby — so perfekt, daß es unmöglich ist, sie zu verbessern oder gar in Menge herzustellen. Trotzdem wird für Milchpulver, das aus Kuhmilch oder Sojabohnen gewonnen wird, als Ersatz für Muttermilch in Hungerländern lauthals geworben!

Obwohl die Natur nicht dumm ist, kann man einzelne Menschen für dumm verkaufen. Man muß einer uninformierten Mutter nur lange genug einreden, daß ihre Milch nicht so gut wie das Milchpulver ist, daß sie nicht die ausreichende Ernährung gewährleistet und daß wirklich gut informierte Menschen die Brust nicht mehr geben, und sie wird anfangen, diesen Quatsch zu glauben.

Dies und mehr ist Inhalt der Werbespots, die in den unterentwickelten Ländern lanciert werden. Wie auch im Fall von Zigaretten und Limonade begreift die amerikanische Öffentlichkeit langsam die Wahrheit, und der Verbrauch an Milchpulver nimmt ab. Mit diesem rückläufigen Konsum konfrontiert, sehen sich die Nahrungsmittelkonzerne daher nach anderen Märkten um. Sie wollen ihren Absatz gesichert wissen.

Das Ergebnis davon ist, daß Menschen in Hungerländern ihr Geld für Milchpulver anstatt für die dringend nötige Ernährung der Familie ausgeben und die Tatsache ignorieren, daß die gesündeste Nahrung für ein Baby im ersten Lebensjahr die Muttermilch ist.

Im ersten Lebensjahr ist die Gefahr, an einer Infektion zu sterben, am größten. Die Wahrheit ist, daß Babys in unterentwickelten Ländern viel stärker Infektionen ausgesetzt sind als Kinder in Amerika. Muttermilch enthält Antikörper gegen solche Infektionen, denen das Kind am ehesten ausgesetzt ist. Die Wahrheit ist schließlich auch, daß Milchpulver genau diese Antikörper nicht enthält. Durch die Fütterung mit Milchpulver werden also im ersten Lebensjahr zusätzliche Todesfälle verursacht.

Der Glaube, der diese Praxis auf unbewußter Ebene unterstützt, ist, daß menschliches Leid unvermeidbar ist und daß der einzelne sowieso nichts zählt. Ich wiederhole: Die tiefste Quelle und die Wurzel des Übels sind die Bedingungen und Glaubenssysteme, aus denen heraus die Tat ensteht. Die Bedingung ist der ursächliche Grund. Die individuelle Handlung, wie zum Beispiel die Werbung für Milchpulver in unterentwickelten Ländern, stellt nicht die Ursache dar, sie ist die Folge. Hinter jeder Handlung steht eine Überzeugung.

Kapitel 14

Tabak in einer hungrigen Welt

Wir sind sehr geschickt im Verkaufen von Tabak an Menschen, die sich eine ausreichende Ernährung nicht leisten können.

Tabak hat keinen Nährwert. Tatsächlich stellt er eine Beleidigung für die Körperchemie dar und, wenn überhaupt, setzt er eine verbesserte Ernährung voraus, damit jemand seine Gesundheit so genießen kann, als würde er nicht rauchen. Es gibt eine lange Liste mit bewiesenen Gesundheitsschäden, die durch Rauchen entstehen (Krebs, Emphyseme und Herzkrankheiten sind die bekannten). Raucher sind die besten Rationalisten, die man treffen kann. Jede(r) hat sich bereits ausgerechnet, daß sie (er) die Ausnahme in den Statistiken über Raucher ist oder daß die Statistiken falsch sind. In entwickelten Ländern wird trotzdem ausreichend informiert, so daß Raucher wenigstens die Möglichkeit haben, sich mit den Schäden, die sie ihrer Gesundheit zufügen, auseinanderzusetzen. Als Ergebnis nimmt das Rauchen in Amerika ab, obwohl die Bevölkerungszahl zunimmt.

In den unterentwickelten Ländern haben die Menschen nicht so viel Glück. Meistens gibt es seitens der Regierungen keine Information über die Schäden durch das Rauchen, und die Tabakhersteller müssen keine Warnungshinweise auf die Packungen drucken. Ausgiebig geschult durch ihre Erfahrungen in Amerika, mißbrauchen die Tabakkonzerne die Werbemedien, um die Vorstellung zu wecken, rauchen sei kultiviert, intelligent, ein Zeichen für Erfolg und Aufregung im Leben und ein sicherer Weg, das andere Geschlecht anzuziehen. Den Menschen wird sogar suggeriert, daß das Rauchen nicht nur ein Zeichen für Erfolg, sondern auch ein Weg ist, damit und davon zu profitieren.

Wer raucht in den unterentwickelten Ländern? Sind es die Reichen, der Mittelstand oder die Armen? Es sollte den Armen eigentlich nicht möglich sein, sich Tabak zu leisten. Die Tabakkonzerne werden Dir deshalb erzählen, daß ihre Zielgruppe der Mittelstand ist. Glaube nicht, was die Tabakkonzerne sagen. Tatsache ist, daß man in den meisten Gegenden der dritten Welt die Zigaretten *einzeln (stückweise!)* kaufen kann. Es ist gewinnbringender für die Tabakindustrie, sie einzeln zu verkaufen. Das erlaubt den Armen, mit dem wenigen Geld, das sie haben, Tabakprodukte zu erwerben, um (so glauben sie) anspruchsvoll, intelligent und erfolgreich zu erscheinen. Auf diese Art hoffen die Menschen, ihre Familien besser unterstützen zu können. Sie verschwenden so ihr Geld und ruinieren ihre Gesundheit.

Auch hier gibt es keine Verbrecher. Egal, wie verlokkend die Entdeckung böser Menschen im Tabakgewerbe sein mag, die Wahrheit ist, daß ihre Handlungen den Bedingungen und Glaubensmustern entspringen, die Du und ich über die Jahre unterstützt haben: Die Unvermeidbarkeit menschlichen Leides, der Mangel an Dingen (Nahrung z.B.) und, daß der einzelne keinen Unterschied macht.

Menschliches Leid ist nicht unvermeidbar. Es gibt keinen Mangel. Nur der einzelne macht einen Unterschied. Das Gegenteil davon sind Inhalte, die Du nur glaubst. Sie sind Deine Wahrheit, und sie erscheinen wahr in der Welt, weil Du sie glaubst. Dein Glaube läßt die Bedingungen, die wir in der Welt sehen, fortbestehen.

Bestimmte Dinge sage ich in diesem Buch immer wieder, weil jemand sie immer und immer wieder sagen muß. Wenn Du Dein ganzes Leben daran geglaubt hättest, daß der Himmel aus Wasser bestehe, dann müßte Dir jemand sehr oft erzählen, daß der Himmel aus Luft besteht, bevor Du das als Realität akzeptierst. Ich weiß, daß es langweilig ist. Ich weiß, daß es monoton ist. Ich weiß, wie notwendig es ist.

Kapitel 15

Nahrung macht Macht

Der „Brotkorb der Welt“ hält die Landwirtschaften unterentwickelter Länder im Würgegriff.

Wir Amerikaner leben in einer Traumwelt, was die Art betrifft, in der unsere Regierung Nahrung in Außenhandelsbeziehungen einsetzt. Die Wahrheit in dieser Angelegenheit erscheint sehr komplex, aber sie ist sehr einfach. Sie erscheint komplex in ihren genauen Details und im Verständnis dieser Details. Sie ist sehr einfach in ihrer übergreifenden Strategie. Ich spreche hier über Menschen in leitenden Positionen der Regierung. Ich spreche weder über einen bestimmten Präsidenten noch über einzelne innerhalb der Verwaltung, sondern von einer bestimmten Mentalität, die über die Jahre gewachsen ist und allen Individuen zu eigen wird, die in diese Verwaltung kommen.

Durch Nahrung kann man herrschen. Es ist wirklich einfach: Die übergreifende Strategie unserer Regierung bezüglich Nahrung sind Selbst- und Interessenschutz. Nahrung wird dazu mißbraucht, andere Regierungen dahingehend zu manipulieren, daß sie unsere politischen und militärischen Verbündeten bleiben. Nahrung wird nicht mit der Absicht eingesetzt, hungrige Menschen zu ernähren. Das geschieht vielleicht im Einzelfall, meistens jedoch nicht. Während der meisten Zeit des Vietnamkrieges zum Beispiel hat Südvietnam fast 50 Prozent unserer Welthungerhilfe erhalten, während die fünf hungrigsten Nationen Afrikas zusammen nur einen Bruchteil dessen bekamen. Chiles Regierung wurde mit dem Wert der Nahrung künstlich an der Macht gehalten. Mit anderen Worten: Die an Chile gelieferte Nahrung wurde von der chilenischen Regierung an den höchstbietenden Interessenten verkauft, mit dem Geld wurden militärische Güter finanziert, die das brutal unterdrückende Regime aufrechterhielten. Die Fälle Südvietnam und Chile bilden nicht die Ausnahme, sie sind die Regel. Daraus wird kein Geheimnis gemacht! In unserer Regierung spricht man offen darüber.

Trotzdem glauben wir weiter an Amerika als den „Brotkorb der Welt“, so als wären wir für die Ernährung der Welt verantwortlich. Wie ich in den vorangegangenen Kapiteln gezeigt habe, unterstützen wir gigantische multinationale Nahrungsmittelkonzerne darin, eine Entwicklung fortzusetzen, die Bauern fremder Länder ihres Landes und ihrer Fähigkeit beraubt, eigene Nahrung zu produzieren. Der Anbau spezieller Pflanzen bestimmt die Ökonomie vieler kleiner Länder und macht den vorher wohlausbalancierten Anbau unmöglich. Darüber hinaus sind jene speziellen Pflanzen für den Export in reiche Länder bestimmt. Der Profit fällt in die Hände der Anteilseigner der Nahrungsmittelkonzerne, die in weit entfernten, wohlsituierten Ländern leben. Wie verdammt großmütig von uns, bedürftigen Ländern Nahrung zu gewähren!

Die Nahrung unserer Konzerne drückt den Preis der örtlich produzierten Nahrung und beraubt die ansässigen Bauern der Möglichkeit ihres gerechten Gewinns. Darüber hinaus ist die Nahrungsmittel-„Hilfe“ keineswegs umsonst. Sie ist eine Leihgabe der Vereinigten Staaten und bringt die Zahlungsbilanz zwischen den Vereinigten Staaten und den unterentwickelten Ländern noch weiter aus dem Gleichgewicht. Infolgedessen sind andere

Länder unsere Schuldner. Sie müssen sich sehr anstrengen, um die Produkte zu produzieren und zu vermarkten, die von den Vereinigten Staaten importiert werden. Das betrifft die Produktion sowohl elektronischer Geräte als auch überflüssiger Spezialpflanzen wie Ananas und Kaffee und beschließt den Kreislauf oder den Würgegriff, in dem der „Brotkorb der Welt“ die unterentwickelten Länder hält. Die fremden Regierungen sind gezwungen, alles Nötige zu tun, um den Nahrungsmittelkonzernen die Produktion großer Mengen Spezialpflanzen für den Export in die Vereinigten Staaten zu ermöglichen. Erforderlich dafür ist also weitere Enteignung der Menschen von ihren Ländereien und damit weitere Entfernung von ihrer Fähigkeit, sich selbst zu ernähren. Der Würgegriff sieht so aus:

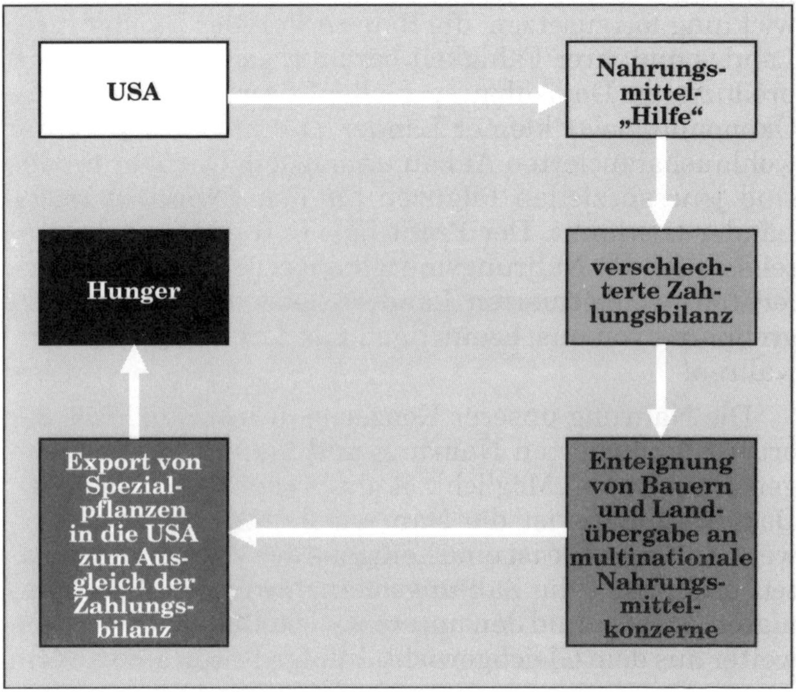

Ich habe mich immer gefragt, was die Leute meinten, wenn ich über den „amerikanischen Imperialismus" gelesen habe. Ich frage mich nicht mehr. Ich weiß vielmehr, daß ich persönlich für ihn verantwortlich bin und ihn verursacht habe, weil ich erstens nicht informiert war und zweitens nichts unternommen habe. Ich habe mich nicht um Informationen bemüht, weil ich „wußte", daß menschliches Leid unvermeidbar ist, daß es keinen Ausweg gibt, daß Nahrung knapp ist und und und ... Auf diese Art haben wir uns etwas vorgemacht. Es ist Zeit, daß wir aufwachen.

Kapitel 16

Die Grüne Revolution

Im Zustand namens „Fortbestand des Hungers" hat sogar die „Grüne Revolution" den Hunger unterstützt.

Ich nehme an, daß Du schon einmal von der „Grünen Revolution" gehört hast, und ich möchte, daß Du weißt, worauf sich dieser Terminus genau bezieht. In den Jahren 1910-1917 gab es einen Revolutionskrieg in Mexiko, der von den dort ansässigen Bauern mit dem Ziel einer Agrarreform geführt wurde. Im Jahre 1910 befanden sich 97 Prozent des Landbesitzes in den Händen von zwei Prozent der mexikanischen Bevölkerung. Mehr als eine Million Bauern haben im Kampf um das Land ihr Leben verloren. Ungeachtet dessen war das Ergebnis eine unbedeutende Landreform, bis Lazaro Cardenas 1934 zum Präsidenten gewählt wurde. Bereits im Jahre 1940 gehörten wieder 47 Prozent des Landes den Kleinbauern, die 52 Prozent der nationalen landwirtschaftlichen Produktion erwirtschafteten und sich selbst ernährten.

Am Ende seiner Regierungszeit im Jahr 1940 hatte sich Cardenas sowohl in Mexiko als auch in den USA starke Feinde gemacht. Land, das eine Quelle billiger Nahrungsimporte für die USA war, war den Menschen in Mexiko zurückgegeben worden. Die mexikanischen Großgrundbesitzer schafften es, Kontrolle über die Regierung von Cardenas' Nachfolger Avila Camacho zu gewinnen. Die Camacho-Regierung hieß die Rockefeller Foundation in Mexiko willkommen, die im Jahre 1943 zusammen mit der Camacho-Regierung ein Forschungsprojekt begann, das als die „Grüne Revolution" bekannt wurde.

Innerhalb dieses Forschungsprojekts wurden genetisch mutierte und hybride (durch genetisches Kreuzen entstandene, Anm. d. Übers.) Saaten entwickelt, die unter besonderen Wachstumsbedingungen erhöhten Ernteertrag bringen. Diese besonderen Bedingungen schließen massive Düngung und optimale Bewässerung mit ein. Wir müssen uns vergegenwärtigen, daß die politische Macht immer die Großgrundbesitzer unterstützt hat, trotz überwältigender Beweise dafür, daß Kleinbauern überall auf der Erde auf einem Morgen Land mehr Nahrung produzieren als Großbauern. Diese Unterstützung findet Gestalt in der Konstruktion von Deichen und Bewässerungsanlagen für große Ländereien und in subventionierten Preisen für große Abnahmemengen von Kunstdünger. Im wesentlichen wird der Kleinbauer mit seinem sorgfältig bepflanzten Fleckchen Erde dadurch im Nahrungserzeugungsgeschäft kaltgestellt. Deiche werden für Kleinbauern nicht gebaut. Regierungen subventionieren den Kleinbauern nicht die Kosten für Kunstdünger.

Die Entwicklung der sogenannten Hochertragssaaten entpuppte sich so gänzlich als „Wohltat" von niedriger Effektivität, hohem Technologieeinsatz und politischer Macht für den Großgrundbesitzer, der so viele Morgen Land besitzt, daß er es nicht allein bewirtschaften kann.

Hinzu kam, daß die neuen Saaten trotz ihrer sehr viel höheren Erträge unter perfekten Bedingungen zu viel mehr Krankheiten neigten als diejenigen, die sich auf natürliche Weise in einer bestimmten Region über die Jahrhunderte als Antwort auf die regionalen Bedingungen entwickelt hatten. Großbauern können es verkraften, einen Teil ihrer Ernte durch Pflanzenkrankheiten zu verlieren. Für den Kleinbauern bedeutet das eine Katastrophe. Darüber hinaus erhalten hybride Saaten für Mais und Sorghum (Mohren- oder Kaffernhirse, in Afrika und Südeuropa angebaute Getreidepflanze, Anm. d. Übers.) nicht ihre ursprüngliche genetische Reinheit; sie müssen daher direkt vom Hersteller bezogen werden und können nicht als Erntefrucht erhalten werden. Das bedeutet für den Kleinbauern ungeheure Kosten, was ihn aus dem Nahrungserzeugungssystem weiter ausschließt.

Das war das Resultat der famosen „Grünen Revolution", die von der Rockefeller Foundation in Mexiko für den Export in alle kleinen Länder unter dem Einfluß der USA entwickelt wurde. Sie wurde zu einem Segen für Großbauern, die Exportware produzieren, und sie zeigt wieder einmal die Bedingungen, die wir geschaffen haben und die dazu dienen, einen Teil der menschlichen Familie auszuschließen und sie zu Hunger und Entbehrung zu verdammen.

Dir sollte inzwischen klar geworden sein, daß man den Zustand, in dem solcherart Anstrengungen, den Hunger zu beenden, stattgefunden haben, als den „Fortbestand von Hunger und Hungertod" bezeichnen muß. Ist es nicht offensichtlich, daß selbst die bestgemeinten Anstrengungen, wie die „Grüne Revolution", nur dem Fortbestand des Hungers gedient haben? Im Zustand „Fortbestand von Hunger und Hungertod" wird aus allem, was wir tun, immer wieder der Fortbestand von Hunger und Hungertod. Was auch immer wir tun, der Hunger bleibt. Nichts, was wir tun, macht einen Unterschied. Der Fortbestand des Hungers war bis jetzt nichts anderes als ein Zustand, in dem die Dinge geschehen oder, anders formuliert, eine Ideensammlung oder eine Glaubenssache.

Wenn wir den Kontext namens „Ende von Hunger und Hungertod" erschaffen, dann wird das, was wir tun, das Ende des Hungers herbeiführen. Für welche Handlungen auch immer Du Dich als Individuum entscheidest, sie werden zum Ende des Hungers führen, sobald Du sie in diesen Kontext stellst. Sogar die Ergebnisse der Grünen Revolution würden zum Ende des Hungers beitragen. Nur der Einzelne hat die Macht, diesen Kontext herzustellen. Du erschaffst diesen Kontext, indem Du über ihn sprichst oder zum Beispiel Deinen Freunden dieses Buch zu lesen gibst. Wenn Du es nur liest und nicht darüber sprichst, dann brauchst Du es genausogut nicht zu lesen. Nur Deine Kommunikation macht einen Unterschied in der Erschaffung eines neuen Kontextes.

Kapitel 17

Das Ende des Hungers: eine Idee, deren Zeit gekommen ist

Nur ein transformiertes Individuum kann eine kontextuelle Idee, das heißt eine Idee, deren Zeit gekommen ist, erschaffen.

Man kann sagen, daß die Transformation der Akt ist, Du selbst zu sein, frei von eigenen Meinungen (in dem Wissen, daß sie keine Bedeutung haben) und frei, eine Umgebung zu schaffen, die im Einklang mit Deinen Idealen ist. Transformiert-Sein bedeutet Deine Fähigkeit zum Einklang mit Deiner Integrität und mit dem, was für andere Menschen gut ist. Sie beseelt eine bestimmte Erfahrung von anderen Menschen, in der Du wesentlich mit ihnen verbunden und in Wahrheit eins bist.

Natürlich hast Du Meinungen, aber die interessieren hier nicht. Du mußt wissen, daß sie für die Realität nicht von Bedeutung sind, sondern paradoxerweise Deine Erfahrung der Realität erst erschaffen. Wenn Dir scheint, daß Hunger unvermeidbar ist, dann benötigst Du eine persönliche Transformation für die Erkenntnis, daß Hunger eine Realität ist, die erst durch den Glauben daran erschaffen wurde. Wenn Du an Mangel glaubst, dann sei ehrlich zu Dir selbst, transzendiere Deinen Geist und erkenne, daß Mangel existiert, weil Du an ihn glaubst.

Ich trete mit dem Thema „Hunger“ oft an die Öffentlichkeit. Ich weiß, wie die Menschen über Hunger denken. Die meisten Menschen denken, sie sind zu beschäftigt, um sich mit dem Hunger zu befassen. Das kommt daher, daß sie sicher sind, daß er unvermeidbar ist. Andere fühlen sich schuldig wegen des Hungers. Sie beweisen damit, daß sie wissen, daß ihre Taten und Nicht-Taten den Zustand des Hungers erschaffen. Wieder andere sind selbstgerecht hinsichtlich der Tatsache, daß sie selbst viel und andere wenig bis nichts zu essen haben. Diese Leute verteidigen sich vom Standpunkt der Macht und der Verantwortlichkeit her. Noch andere sind neuen Ideen gegenüber aufgeschlossen — „Das Ende des Hungers? Eine großartige Idee!" Manche „glauben" nicht, daß das möglich ist, was nichts anderes ist, als irgend etwas zu glauben — auch ein „Nicht-Glaube" ist ein Glaube. Es wäre genauso dumm zu „glauben", daß das Ende des Hungers möglich ist. Du glaubst nicht, Du erschaffst das Ende des Hungers. Du trittst in Aktion und handelst effektiv. Wenn Du denkst, Du bist transformiert, und dann nicht handelst, dann glaubst Du nur, transformiert zu sein. Du hast Dich dann nicht als transformiert erschaffen. Wenn Du „glaubst", dann gibt es immer auch das Gegenteil dazu, das „Nicht-Glauben", an das Du auch glaubst, es sei denn, Du verdrängst es. Tatsächlich ist das genau der Grund, warum Du daran glaubst. Wenn Du einen Kontext erschaffst, dann gibt es keinen Gegensatz dazu. Die kontextuelle Idee „Ende des Hungers" als eine Idee, deren Zeit gekommen ist, hat keine Gegensätze. Es gibt nur einen Kontext in bezug auf den Hunger. Wenn die Bedingung hieße: „Fortbestand des Hungers", dann würde der Hunger fortbestehen und alle Anstrengungen, ihn zu beenden, aufsaugen. Ende des Hungers ist eine Idee, deren Zeit jetzt gekommen ist. Deshalb tragen alle Anstrengungen, den Hunger fortbestehen zu lassen, dazu bei, ihn zu beenden.

Wo findest Du den Kontext? Komischerweise findest Du ihn dort, wo Du ihn am wenigsten erwartest: im Individuum selbst. HÖR ZU! WACH AUF! Die Dinge geschehen nicht einfach im Leben. Die Dinge geschehen aus dem Kontext heraus, den Du für sie erschaffen hast. Sie geschehen nicht, weil Du sie willst oder an sie glaubst. Nur das Individuum (DU) kann die kontextuelle Idee „Ende des Hungers“ erschaffen. Mich amüsiert der Glaube, daß irgendwelche Firmen, Regierungen oder „sie“ handeln müssen, um den Hunger zu beenden, weil er anderenfalls nicht enden würde. Menschen glauben wirklich, daß Regierungen mächtiger sind als Ideen! Kannst Du Dir eine Firma vorstellen, die mächtiger ist als eine Idee, deren Zeit gekommen ist? Wie absurd! Genau jetzt hast Du in Dir die Fähigkeit, mit dem Ende des Hungers zu beginnen und Dir von Regierungen und Firmen bei Deiner Aufgabe helfen zu lassen. Warum? Weil einzig Du die Quelle einer kontextuellen Idee bist.

Einmal erschaffen, hat die kontextuelle Idee die Fähigkeit, andere zu motivieren und in Handlungen einzubinden. Joggen zum Beispiel war früher einmal *keine* Idee, deren Zeit gekommen war. Heute kann Dich das Joggen einnehmen; Du *unterstützt* die Idee des Joggens. Wenn Du Deine Joggingschuhe anziehst und die Straße hinunterläufst, dann unterstützen Dich die Menschen; sie finden Dich großartig und bewundern Dich. Das ist so, weil das Joggen zu einer Idee wurde, deren Zeit gekommen war. In der Entwicklung hat das Joggen als Idee, deren Zeit gekommen war, Widerstand hervorgerufen. Es war sogar so, daß die Meinungen der Leute, die dem Joggen widerstanden, die anderen erst zum Joggen angespornt haben.

Nur ein transformiertes Individuum, ein Mensch, der nicht von seinen Meinungen und Überzeugungen beherrscht wird, kann die kontextuelle Idee „Ende des Hungers“ erschaffen. Um zu erkennen, wer in bezug auf eine Idee transformiert ist, sieh auf die, die handeln. Wenn Du willst, daß der Hunger endet, dann fang an zu handeln.

Kapitel 18

Vorsätzlicher Mord

Die schlimmsten Verbrechen sind die, gegen die es keine Rechtsmittel gibt.

Wenn Du bis hierher gelesen hast, dann bist Du über den Hunger und die Überzeugungen, die den Hunger an seinem Platz halten, besser informiert als 99 Prozent aller Menschen. Du bist, mit anderen Worten, eine / r derjenigen, die in dem Wissen handeln, einen Unterschied bewirken zu können. Bevor Du Dir dessen bewußt warst, bestand der Hunger Jahr für Jahr fort, und Millionen Menschen starben. Du hast die Wahrheit darüber ignoriert. Ich behaupte: Du bist schuldig des ungewollten Totschlags.

Jetzt aber weißt Du. Wenn Du jetzt versäumst zu handeln, dann, so behaupte ich, bist Du des vorsätzlichen Mordes schuldig. Ich möchte nicht, daß Du Dich schuldig „fühlst". Ich will, daß Du handelst, und damit meine ich *jede Art von Handlung, die Deinen persönlichen Lebensumständen entspricht*. Es ist egal, was Du tust. So, wie Du jetzt geistig gerüstet bist, wird alles, was Du tust, wirken. Solltest Du jedoch, nachdem Du die Wahrheit erfahren und die Wahl hast, das Ende des Hungers zu erschaffen, weiterhin die Überzeugungen unterstützen, die den Hunger fortbestehen lassen, dann bist Du ein Mörder, der/diejenige, der/die genau weiß, was er/sie tut, jemand, der/die vor der Tat entscheidet. Das ist vorsätzlicher Mord, Mord nicht an einem oder an zehn Menschen; es ist Mord an Millionen über Millionen von Menschen.

Die schlimmsten Verbrechen sind die, gegen die es keine Rechtsmittel gibt: die Zerstörung des Selbstbewußtseins eines Kindes, der kalte Verrat an der Liebe eines Menschen, das tatenlose Zusehen, während ein brutales Verbrechen begangen wird. Und dennoch, so unglaublich all diese Verbrechen sind, sie sind vergleichsweise nichts im Angesicht des Hungers in unserer Welt. Während vier Milliarden Menschen zusehen und nichts tun, sterben täglich 41 000 Menschen an Hunger oder an durch Hunger verursachten Krankheiten. 41 000 Menschen pro Jahr wären schon entsetzlich, aber pro Tag beschreibt diese Zahl eine Greueltat, die mit dem Holocaust (der Vernichtung von sechs Millionen Juden im zweiten Weltkrieg) zu vergleichen ist, und das alle viereinhalb Monate. Das ist vorsätzlicher Mord. Jede andere Umschreibung würde nur unser Bewußtsein besänftigen.

Ich schreibe diese Dinge, weil ich weiß, wer Du bist. Wenn Du weißt, daß Du einen Unterschied mit Deiner Handlung bewirken kannst, wirst Du sofort und ausdauernd handeln und solange keine Ruhe mehr in Deiner Seele finden, bis es keinen Hunger mehr gibt. Dir fehlt bisher nur das sichere Wissen, daß Dein Handeln einen Unterschied macht. Suche nicht erst nach dem Beweis dafür. Du wirst es herausfinden, wenn Du in Dein Befreites Selbst blickst.

Wenn Du des vorsätzlichen Mordes überführt worden wärest und für Deine Schuld an der Gesellschaft bezahlt hättest, dann wünschte ich, daß Du hingehst und ein produktives Leben lebst. Widme Dein Leben dem Leben selbst. Dadurch wird das Verbrechen, das Du begangen hast, selbst zu einem Beitrag für Dein und für jedes Leben. Ich wünsche mir auch, daß Du selbst aktiv wirst, vorwärtsgehst und effektiv, Deinen Fähigkeiten angemessen, handelst, falls Du das bisher nicht getan hast. Ich will, daß Du das Spiel, den Hunger zu beenden, so spielst, als würde Dein Leben davon abhängen, was es in Wahrheit tut. Solange es irgendwo in dieser Welt noch Hunger gibt, wissen wir nicht, was wahre Lebendigkeit heißt; wir sind alle in einem sehr realen Sinn tot. In den Straßen von Amerika kannst Du die toten Gesichter der Menschen sehen. Wir können von diesem toten Zustand nicht unberührt bleiben. Wir tragen für ihn die Verantwortung, weil wir bisher nichts unternommen haben, um diese unglaubliche menschliche Tragödie zu beenden. Wir dürfen keinen vorsätzlichen Mord begehen.

Kannst Du Dir die Freude und die Feiern vorstellen, die an dem Tag ausbrechen werden, an dem der Hunger endet? An diesem Tag wird die Transformation für Dich Wirklichkeit werden. Bis dahin wird Deine persönliche Transformation nicht vollständig sein. An jenem Tag wird jeder für immer transformiert sein.

BUCH VII

TRANSFORMATION IM GESCHÄFTSLEBEN

Die Technik der Transformation im Geschäftsleben ordnet die Geschäfte derart, daß wir gezwungen werden, die alten Muster dafür, wie Geschäfte gemacht werden, zu vergessen. Grundsätzlich beinhaltet die Transformation im Geschäftsbereich eine Abkehr von Wettstreit und Widerstand hin zu Kooperation und Unterstützung. Falls Du irgendeine Vorstellung davon hast, wie Geschäfte funktionieren, dann wirst Du kaum bemerken, welche Veränderung in der Funktion von Geschäften stattfindet. Hier ist ein komplett neues Muster für das Geschäftsleben.

Kapitel 1

Die Bedingung

Bis Du die Bedingungen, deren Urheber Du bist und in denen Du lebst, schätzen lernst, müssen sie Dich so beherrschen, als ob sie wirklich wären.

In „Buch VII“ werde ich Dir ein ideales Geschäft und einen idealen Lebensstil vorstellen, den man „Transformation im Geschäftsleben“ nennen kann. Ich amüsiere mich oft über viele meiner Freunde, die dauernd über Transformation im Geschäftsleben reden und gleichzeitig an einem Geschäftssystem teilnehmen, das eindeutig nicht transformiert ist. Mit „nicht transformiert“ meine ich, daß die Lebensqualität durch die Art der Geschäfte und deren Regeln, Vereinbarungen und so weiter, eher verringert als verbessert wird. Mit unseren Methoden, Geld zu verdienen, existieren wir unter bestimmten „Bedingungen“. Eine Bedingung besteht aus unbewußten, nicht überprüften Überzeugungen darüber, wie die Dinge sind. Diese Überzeugungen erschaffen die „Realität“. Ein Beispiel für solche Überzeugungen ist der Spruch: „Keine Nachrichten sind gute Nachrichten.“ Oder anders gesagt: „Die einzig wirklichen Nachrichten sind schlechte Nachrichten.“ Das genau ist die Bedingung, in der die Nachrichtenmedien existieren. In den Abendnachrichten sind die Meldungen, die wir am höchsten schätzen, diejenigen, die von Tod, Zerstörung und Versagen handeln.

So kann die Bedingung, innerhalb derer wir in bezug auf Geschäfte, Arbeit, Geld, Jobs und so weiter existieren, heißen: „Wirklicher Erfolg ist glücklichen und reichen Leuten vorbehalten. Sie haben es mit Betrügereien geschafft. Diese Art von Erfolg ist für den einfachen Menschen nicht vorgesehen: Menschen kommen zu Reichtum nur auf Kosten anderer, die infolgedessen arm werden." Ist es unter dieser Bedingung mit dieser Überzeugung und der Einschätzung, daß Menschen von Natur aus moralisch sind, noch ein Wunder, daß so wenig Menschen wirklich erfolgreich sind?

Diese Bedingung ist die Grundlage der amerikanischen Arbeitsmoral. Sie besagt, daß man einen Job haben, für einen anderen 40 bis 45 Jahre arbeiten und sich dann mit einer Pension zur Ruhe setzen soll, die die Hälfte oder zwei Drittel des Arbeitseinkommens beträgt. Es wundert mich daher nicht, daß 36 von 100 Männern sterben, bevor sie das 65. Lebensjahr (das Rentenalter) erreicht haben. Sie sterben an Streß-Krankheiten wie Bluthochdruck, Hirnschlag, Herzinfarkt, Krebs oder Lungenemphysem (normalerweise in Verbindung mit Rauchen, das den Streß abbauen soll, der dadurch entsteht, daß diese Männer 40 bis 45 Jahre für die Ziele eines anderen Menschen arbeiten).

Nur fünf Prozent der Bevölkerung sind im Alter von 65 Jahren finanziell unabhängig, während andere fünf Prozent in diesem Alter so arm sind, daß sie sich nicht zur Ruhe setzen können, sondern für ihren Lebensunterhalt weiter arbeiten müssen. 54 Prozent der Menschen beziehen eine Rente unter dem Existenzminimum. Das ist simple Statistik und die Wahrheit.

Ich berate oft Menschen über dieses Thema. Ich habe herausgefunden, daß der durchschnittliche Erwachsene in der durchschnittlichen Lebenssituation (pleite bei niedrigem Einkommen oder pleite bei hohem Einkommen, in jedem Fall pleite) nicht in der Lage ist, die Prinzipien von Erfolg auch nur zu hören, geschweige denn, sie in die Tat umzusetzen, wenn man sie ihm deutlich aufzeigt. Wir haben uns selbst derart davon überzeugt, daß der wirkliche Erfolg für die anderen ist, daß er tatsächlich für die anderen ist.

Freiheit bedeutet für mich einen Überfluß an Zeit und Geld bis zu dem Grad, daß beide nicht länger Thema in meinem Leben sind. Ich will die Freiheit, mein Leben so zu leben, wie es gelebt werden will, und nicht aus der Notwendigkeit heraus, genügend Geld verdienen zu müssen, damit ich die Rechnungen für den nächsten Monat bezahlen kann. Ich will die Freiheit, dahin zu gehen, wohin ich will, wann ich will und wie ich will. Ich will wohltätige Organisationen unterstützen, die ihrem Wesen nach wichtig sind, weil sie einen wirklichen Unterschied machen. Ich will ein Einkommen, das meinem Sohn die Umgebung gewährleistet, in der er sich mit seinem gesamten Potential entfalten kann. Ich habe ein Geschäft aufgebaut, das diese und viele andere Träume erfüllt. Der Rest von „Buch VII“ ist eine sorgfältige Analyse dieses Geschäftes. Ich werde Dir die Komponenten eines idealen Geschäftes demonstrieren, so daß Du, wenn Du willst, selbst ein ideales Geschäft aufbauen kannst.

Es wird Dir allerdings nicht leichtfallen, die in diesem Material enthaltenen Möglichkeiten zu erkennen, weil Du von den herkömmlichen Bedingungen beherrscht wirst . Solange Du dessen nicht gewahr wirst, bist Du der Transformation im Geschäftsleben gegenüber blind.

Kapitel 2

Der Traum

Wie der Geiger auf dem Dach habe ich einen Traum, ... wenn ich einmal reich wär, yaba daba daba da ...

Ich will mit Dir meine Träume teilen, womit ich schon im vorigen Kapitel begonnen habe. Ich möchte nicht, daß Du hinterher dieselben Träume hast wie ich, sondern daß Du wieder mit Deinen eigenen Träumen in Kontakt kommst. Wir alle hatten früher unsere Träume, wie unser Leben einmal sein wird, wenn wir erst „groß“ sind. Dann setzten wir uns den Bedingungen aus. Die meisten von uns haben ihre Träume aufgegeben und sich so eingerichtet, wie die Dinge eben waren. Damit wir wieder Anspruch auf unsere verlorene Kraft und Menschlichkeit erheben können, müssen wir die Bedingungen verlassen und Anspruch auf unsere Träume erheben. Zum Beispiel ...

Wenn ich einmal reich wär, würde ich ein Geschäft aufbauen, durch das ich andere reiche Menschen kennenlerne. Zusammen gründeten wir einen Klub, der sich einer Welt verschreibt, in der Menschen nicht den Hungertod sterben. Wir würden daran arbeiten, andere erfolgreich zu machen, als einzige Möglichkeit, selbst erfolgreich zu sein. Damals, in der Zeit von Kambodscha, hätten wir Worte deutlicher Ablehnung gegen diese Tragödie gesprochen. Wir hätten gehandelt und damit die Situation geändert und erlöst. Wenn ich einmal reich wär ...

Wenn ich einmal reich wär, müßte meine Frau nicht länger arbeiten. Sie könnte zu Hause bleiben mit meinem Sohn, und *ich* könnte zu Hause bleiben mit meiner Frau und mit meinem Sohn. Zusammen würden wir in Liebe und in Zufriedenheit leben, und wenn wir über den Hunger im Ostteil Afrikas erführen, dann hätten wir Zeit und Energie, etwas dagegen zu unternehmen, statt nur zu uns selbst zu sagen: „Ist es nicht schrecklich?" Wenn ich einmal reich wär ...

Wenn ich einmal reich wär, würde mein Sohn unter meinem sorgenden Blick aufwachsen und auf eine Art erzogen werden, die ihn befähigt, einen Unterschied in der Welt *hier und jetzt* zu machen und nicht in irgendeiner vagen Zukunft, wenn er „groß" ist — obwohl er auch dann einen wirklichen Unterschied machen könnte. Wenn ich einmal reich wär ...

Wenn ich einmal reich wär, würde ich in meinem eigenen Geschäft hart arbeiten. Mein Ziel wäre, anderen Menschen in ihrem eigenen Geschäft zum Erfolg zu verhelfen. Ich würde sie Schritt für Schritt lehren, wie sie ein Geschäft erfolgreich führen, bis sie selbst hingehen und andere Menschen unterrichten können, so, wie ich sie unterrichtet habe. Ich wäre immer da, wenn ich gebraucht würde; es wäre mein Job, immer da zu sein, wenn Menschen mich brauchen. Ich würde die Menschen lieben und ihnen dienen, und ich würde hart arbeiten und daran Spaß haben, wenn ich einmal reich wär ...

Wenn ich einmal reich wär, würde ich die ganze Welt bereisen *mit dem Zweck*, andere in ihrem Erfolg zu unterstützen. Auf meinen Reisen würde ich mir die Zeit nehmen, die Strände und die Vulkane auf Hawai, die berauschende Schönheit des amerikanischen Nordwestens und die majestätischen Alpen zu genießen — ich würde intensiv überall in der Welt leben. Wenn ich einmal reich wär ...

Wenn ich einmal reich wär, dann hätte ich die Freiheit, meinen eigenen Verlag zu gründen und für die Menschen überall auf der Welt Bücher zu schreiben. Ich hätte die Zeit und das Geld, die Bekanntschaften zu genießen, die durch das Schreiben entstehen. Ich würde ein richtiges Netzwerk für engagierte Menschen gründen. Wenn ich einmal reich wär ...

Ich habe viele Freunde und Bekannte, die ähnliche Träume haben. Der Unterschied zwischen ihren und meinen Träumen ist der, daß *meine alle Wirklichkeit geworden sind*, während ihre wertlose Phantasien blieben. Das beste aber kommt erst noch.

Auch Deine Träume können alle wahr werden, vorausgesetzt, daß Du 1) wagst, Träume zu haben, und 2) handelst. Was Du tust, um Deine Träume zu verwirklichen, ist so wichtig wie das, was Du tust, um Geld zu verdienen. Deshalb mußt Du den Rest des Buches sehr sorgfältig lesen.

Kapitel 3

Transformation im Geschäftsbereich

„Duplikation" als „Gewinn-Gewinn"-Geschäftsverbindung ist die Essenz einer Transformation im Geschäftsleben.

Um weiter voranzukommen, mußt Du bereit sein, Deine Überzeugungen loszulassen. Du mußt einsehen, daß die Gesellschaft Dich einer Gehirnwäsche unterzogen hat, damit Du auf dem untersten Niveau Deines Potentials bleibst. Du mußt, Du mußt, Du mußt. Wenn Du denkst, Du wüßtest, „wie es ist" im Geschäftsleben, und wenn Du nicht bereit bist, zu erkennen, daß Du manipuliert wurdest, dann solltest Du nicht weiterlesen.

Ein Beruf, wie ich ihn praktiziert habe (Medizin mit Fachrichtung Psychiatrie) ist so aufgebaut, daß der Arzt an Einkommen einbüßt, wenn es dem Patienten schnell besser geht. Nur wenn der Patient sich sehr langsam erholt, wird der Arzt reich. An der Psychiatrie selbst ist nichts verkehrt. Dasselbe kann ich von den ökonomischen Bedingungen, innerhalb derer sie praktiziert wird, nicht behaupten. Wenn ich die Bedingungen für den Arztberuf noch einmal erfinden sollte, dann würde ich dem Arzt 10 000 US-Dollar zahlen, wenn er den Patienten in einer Sitzung heilen kann, 5 000 US-Dollar für zwei Behandlungen, 2 500 US-Dollar für drei Behandlungen und so weiter, bis hinunter zu der Summe von 312,50 US-Dollar, von der ab der Arzt dann beginnen müßte, den Patienten für jede weitere Behandlung zu bezahlen, bis wieder die Summe von 10 000 US-Dollar erreicht wäre. Kannst Du Dir vorstellen, wie das die Praxis der Psychoanalyse verändern würde? Es gäbe keine Krankheitsgeschichten mehr über zehn oder zwanzig Jahre.

Die Vereinbarungen für die Bedingungen der Psychiatrie und der Psychoanalyse sind getroffen, und wenn ich sie auch nicht ändern kann, *so will ich wenigstens entscheiden können, sie nicht zu teilen.*

Vielleicht befindest Du Dich in einer Anstellung, die Dir Geld als Folge jener Fähigkeit bringt, die Arbeit nicht gerade effizient und solide zu erledigen. Hast Du Dich jemals darüber gewundert, daß die Menschen sich auf 17.00 Uhr freuen, wenn sie nach Hause gehen können, oder auf Freitag, wenn das freie Wochenende beginnt? Warum wollen die Menschen nicht bei der Arbeit bleiben und weitermachen? Ich sage Dir warum: Diese Menschen wissen ihre Integrität ausschließlich außerhalb der Arbeit. Sie wissen, daß sie sich buchstäblich dadurch umbringen, daß sie Lohn aus einem Gewinn-und-Verlust-Spiel erhalten. Sie freuen sich auf 17.00 Uhr, auf Freitag und auf ihr 65. Lebensjahr.

Die Transformation im Geschäftsbereich fordert den Mut, aufzustehen und zu sagen: „Ich steige aus! So will ich mein Geld nicht mehr verdienen! Lieber verhungere ich!“ Sie fordert darüber hinaus die Bereitschaft, alles jungfräulich zu betrachten und ohne ein Vorgängermodell neu zu erschaffen, weil die alten Modelle nicht funktionieren und nicht transformieren. Das heißt, daß aus den alten Geschäftsmodellen keine Lebendigkeit erschaffen werden kann.

Ein transformiertes Geschäft ist grundsätzlich ein „Du-und-Ich“-Geschäft, in dem ich nur dann gewinnen kann, wenn Du gewinnst. Dein Erfolg muß von mir als mein Erfolg erlebt werden. Darüber hinaus müssen wir unser Geschäft so gestalten, daß wir den Erfolg des anderen nicht nur als den eigenen erfahren, sondern dafür mit Geld belohnt werden. Wenn ich Dir eine bestimmte Tätigkeit beibringe und Du sie dann ausübst, ist es gerecht, wenn ich einen gewissen Teil Deines Einkommens aus dieser Arbeit erhalte. Dieses Konzept nennt man „Duplikation". In „Duplikation" erlernt man eine Fähigkeit und setzt sie dann im Geschäft so ein, daß sie nützlich ist und Profit macht. Wenn Du die nötige Fachkenntnis hast, gib sie an andere Menschen weiter. Lehre sie das Geschäft, und wenn sie kompetent genug sind, laß sie ihr eigenes Geschäft führen. Nimm einen gewissen Prozentsatz ihres Profits als Belohnung dafür, daß Du sie erfolgreich gemacht hast.

„Duplikation" ist die Essenz eines transformierten Geschäfts. Sie ist die reinste Form einer „Gewinn-Gewinn"-Beziehung im Geschäftsleben. Unser Verstand jedoch will in der „Duplikation" ein Gewinn-Verlust-System erkennen. Er weiß genau, daß ein anderer verlieren muß, wenn einer gewinnt. Er stellt daher sofort die Frage: „Bin ich der Verlierer?" Der Verstand ist eher bereit zu sterben, als einen anderen erfolgreich zu machen. Wir denken immer in Gewinn-Verlust-Strukturen.

Der Mangel an Integrität manifestiert sich bei einem Menschen, der Geld in einem Gewinn-Verlust-System verdient, in seiner verstandesmäßigen Herabsetzung. Der Verstand betrachtet die „Duplikation" oder die kooperative Partnerschaft (ein anderer Begriff für „Duplikation") als einen potentiellen Schwindel und versucht, denjenigen abzuwerten, der die kooperative Partnerschaft vorschlägt.

Trotzdem ist „Duplikation" oder kooperative Partnerschaft die Essenz der Transformation im Geschäftsleben. Das wird beim Weiterlesen dieses Buches noch deutlicher. Ich weiß, daß Du schlafen gehen willst, und ich weiß, daß ich Dich fordere. Aber wenn Du weiterliest und die Prinzipien in die Tat umsetzt, dann werden sie auch für Dich funktionieren.

Kapitel 4

Das ideale Geschäft

Sei erst zufrieden, wenn Du Deine Ideale erreicht hast.

Ich begnüge mich im Leben nicht einfach mit den Dingen. Ich bin so verrückt, davon überzeugt zu sein, daß das Leben genau so sein kann, wie ich es haben will, vorausgesetzt, ich übernehme die Verantwortung dafür, es derart zu gestalten. Im Geschäftsleben führt das zum idealen Geschäft. Ich habe ein ideales Geschäft, das als Beispiel in dieser Diskussion dienen könnte. Ich möchte Dir die Eigenschaften eines idealen oder transformierten Geschäftes darlegen, damit Du für Dich formulierst, was ein ideales Geschäft ist, und es dann gestalten kannst. Dafür mußt Du Deine Philosophie der Genügsamkeit aufgeben. Sei erst zufrieden, wenn Du Deine Ideale erreicht hast.

- *Freiheit* ist das erste, worauf ich bei einem Geschäft achte. Ich will nicht für einen anderen arbeiten. Mein Geschäft gehört mir. Ich will frei und weder im Geschäftsplan eines anderen noch in meinem eigenen eingebunden sein. Mein ideales Geschäft hat daher flexible Arbeitszeiten. Ich kann arbeiten, wann ich will. Ich muß nicht arbeiten, wenn ich nicht will. Ich will niemandes Angestellter sein und ich will selbst keine Angestellten haben; Partner ja, Angestellte nein. Die meisten Menschen haben nicht genügend Selbstvertrauen, um ein Geschäft dieser Art aufzubauen. Die wenigsten haben genügend Vorstellungskraft für den Erfolg eines solcherart flexiblen Geschäfts. Deshalb zwängen sich die meisten von uns in eine Rüstung, damit sie *wissen*, daß sie arbeiten „müssen“. Der Preis dafür ist Freiheit. Ich bin weder bereit, ihn zu zahlen, noch von einem anderen Menschen zu fordern.

- Der zweite Aspekt eines idealen Geschäftes betrifft das *Einkommen*. Ich will die Möglichkeit haben, Geld zu verdienen. Ich will bezüglich der Geldmenge, die ich verdienen kann, kein Limit. Wenn ich entscheide, ein Multimillionär zu werden, dann will ich nicht dadurch zurückgehalten werden, daß ich mir das falsche Geschäft ausgesucht habe, zum Beispiel eines, das dieses Einkommen ohne den Verlust meiner Freiheit nicht abwerfen würde. Viele Menschen sind davon überzeugt, daß Geld schmutzig ist. Geld ist nicht schmutzig, es ist ziemlich neutral. Nur ein Mensch kann „schmutzig“ sein. Geld ist das Werkzeug für die Erfüllung unserer tiefsten Sehnsüchte. Zusätzlich zur Geldmenge bestehe ich auf Barzahlung zum Zeitpunkt meines Dienstes, so daß keine Rechnungen offen bleiben. Ich will niemandes Eigentum sein, noch will ich jemanden besitzen.
- Das dritte, worauf ich bei einem idealen Geschäft achte, ist dessen Integration in mein Leben. Ich will die Arbeit, die ich tue, so sehr lieben, daß ich sie rund um die Uhr verrichten kann. Ich will, daß das Finanzamt all meine Ausgaben als steuerabzugsfähig anerkennt. Ich kann Dir eine Reihe von Geschäften nennen, in denen Du eine Menge Geld machen kannst — allerdings für die Regierung. Ich möchte das verdiente Geld behalten, und ich will es behalten, ohne die Steuer zu hinterziehen. Das bedeutet, daß ich mein Geschäft leben will. Ich liebe alles, was ich lebe. Ich liebe Steuererleichterungen.

- Der vierte Aspekt ist, daß ich mein ideales Geschäft von zu Hause aus führen will. Ich will nicht auf den Hauptstraßen während der Rush-hour fahren. Ich entscheide, aufzustehen, wann ich will, die Treppe hinunterzugehen und in der Arbeit zu sein.
- Der fünfte Aspekt eines idealen Geschäftes bezieht sich auf die räumliche Begrenzung. Ich will die ganze Welt bereisen und dabei meine Arbeit tun. Ich möchte die Möglichkeit haben, Niederlassungen zu eröffnen (zu duplizieren) überall da auf der Welt, wo freies Unternehmertum blüht. Ich will, daß sich mir Menschen in kooperativer Partnerschaft anschließen. Jeder, der Talent und Ehrgeiz mitbringt, soll mitmachen können, ohne eine Menge Geld investieren zu müssen. Ich will mit Menschen und ihrer Zukunft arbeiten, nicht mit ihrem Geld.
- Der sechste Aspekt eines idealen Geschäftes ist deshalb der, daß vorab kein Geld investiert werden muß.
- Das siebte Merkmal eines idealen Geschäftes betrifft die sogenannte Teilzeit. Ich will Freiheit und einen Überfluß an Geld *und* Zeit haben. Ich will Zeit, um mich an den Früchten meiner Arbeit zu erfreuen, und ich will Zeit für die Interessen, die ich habe und die nicht unbedingt Geld einbringen.
- Der achte wichtige Aspekt betrifft das System der Unterstützung. Niemand beginnt sein Leben als gescheiter Geschäftsmann. Die Dinge müssen erlernt werden. Ich will eine kooperative Partnerschaft mit Menschen, die das Geschäft, und vorzugsweise mein Geschäft, besser als ich kennen, und mich kostenlos das lehren, was ich wissen muß. Ich will meinerseits in der Lage sein, andere auf dieselbe Art zu unterrichten.

- Der neunte Aspekt bezieht sich auf die kompromißlose Integrität und muß für mich in jedem Geschäft, in dem ich mich engagiere, enthalten sein. Ich möchte mein gesamtes Geld auf den Tisch legen und meine Augen schließen können in der absoluten Sicherheit, daß es dort liegen bleibt. Ich will *niemals* auch nur ein einziges Wort darüber hören, daß jemand Geld in meinem Geschäft verloren hat. Das setzt zwei Dinge voraus: erstens keine Risiken und zweitens absolute Integrität.
- Der zehnte und letzte Aspekt ist ein gutes Produkt oder eine gute Dienstleistung. Ich will den Menschen geben, was sie brauchen, und ich will es ihnen zu einem guten Preis geben. Ich will ihnen eine hundertprozentige „Geld-zurück"-Garantie geben und trotzdem nachts ruhig schlafen können.

Wenn all diese Kriterien zutreffen, dann kannst Du sicher sein, ein transformiertes oder sich transformierendes Geschäft zu führen, in dem die Menschen ein gesteigertes Gefühl von Lebendigkeit erfahren, weil sie entweder Deine Partner oder Deine Kunden sind.

Ich gebe Dir noch einmal einen Überblick über die Aspekte, die ein ideales oder transformiertes Geschäft ausmachen:

1. Freiheit,
2. unbegrenztes Einkommen,
3. Integration in das eigene Leben und dadurch Steuervorteile,
4. Heimarbeit,
5. keine räumliche Einschränkung,
6. kein Zwang zu finanzieller Investition,
7. Teilzeit,
8. System der Unterstützung,

9. Integrität,
10. gutes Produkt oder gute Dienstleistung.

Wenn Du ein Geschäft aufbaust, das diese Aspekte beinhaltet, dann wirst Du eine Quelle stetiger Transformation in Deinem Leben und ein Werkzeug haben, mit dem Du das Leben anderer transformieren kannst.

Kapitel 5

Netzwerk

Die effizienteste Methode, mit einem Geschäft einen Unterschied zu machen und Geld zu verdienen, ist das Netzwerk.

Ich gebrauche das Wort „Netzwerk" für eine Gruppe verbundener Menschen, die miteinander kommunizieren. Ich weiß, daß nur der einzelne einen Unterschied im Gang der Welt bewirkt. Das einzige, das wirklich einen Unterschied bei der Veränderung der Umstände bewirkt, ist eine transformierte Idee. Das Individuum ist das einzige Gefäß, das eine transformierte Idee enthalten kann. Eine transformierte Idee ist eine Idee, deren Zeit gekommen ist, und das ist mehr als nur eine gute Idee. Es ist eine Idee, der die Menschen folgen.

Das geeignetste Medium, über eine transformierte Idee zu kommunizieren, ist das Netzwerk. In einem Netzwerk gibt es kein Zentrum. Kein Individuum ist wichtiger als irgendein anderes Individuum im Netzwerk. Jede/r hat Zugang zu solchen Punkten oder Individuen im Netzwerk, mit denen sie oder er im Laufe der Zeit eine Beziehung entwickelt hat. Entfernungen sind kein Thema, weil die moderne Telekommunikation ein weltweites Netzwerk nicht nur ermöglicht, sondern auch hat Wirklichkeit werden lassen. Jede/r kann im Transformations-Netzwerk mitmachen und soviel Kontaktpunkte innerhalb des Netzwerks erschaffen, wie sie/er will.

Man kann sich ein Netzwerk als einen kugelförmigen Körper mit vielen Millionen Punkten auf der Oberfläche vorstellen. Jeder Punkt ist ein Individuum und *im Prinzip* mit allen anderen Individuen (Punkten) verbunden. Jede/r hat eine *reale* Verbindung zu soviel anderen, wie sie/er sich die Zeit zur Entwicklung solcher Kontakte genommen hat. Studien haben ergeben, daß zwischen Dir und *jedem* anderen Menschen auf der Welt nicht mehr als fünf Menschen stehen. Wenn Du also willst, daß eine wichtige Person auf der anderen Seite der Erdkugel eine Nachricht erhält, dann kennst Du jemanden, der jemanden kennt, der jemanden kennt, der jemanden kennt, der jemanden kennt, der diese Person kennt. Ist das nicht unglaublich?

Für die Transformation im Geschäftsleben bedeutet das, daß Deine Kraft in der Geschäftswelt unglaublich gesteigert werden kann, wenn Du ein Netzwerk miteinander verbundener Menschen entwickelst. Die Voraussetzungen für ein Netzwerk im Geschäft sind: 1) gemeinsames Ziel, 2) „Duplikation" des Geschäftes, 3) Hingabe an den Erfolg anderer und 4) offene Kommunikationsleitungen.

Laß uns ein Beispiel ansehen: angenommmen, Du bringst sechs Menschen in Dein Netzwerk ein und unterstützt sie, damit sie ihr eigenes Geschäft aufbauen. Dann ist ein Teil des Geschäftes für sie, andere Leute ins Geschäft zu bringen. Deine sechs fördern ihrerseits jeweils sechs andere, von denen wieder jede/r sechs fördert. Von diesen würden wieder jeweils sechs andere gefördert. Wenn die Durchschnittsperson im Netzwerk zwei Monate benötigte, um sechs Leute zu fördern, dann ergibt sich eine Unmenge von Menschen in Deinem Netzwerk. Denn alle zwei Monate würde sich die Zahl der Beteiligten versechsfachen. Nach einem Jahr sind es also schon:

6×6×6×6×6×6 = 46.656 Menschen.

Nach Ablauf von zwei Jahren wäre die Zahl der Leute in Deinem Netzwerk:

46.656×6×6×6×6×6×6 = 2.176.782.336.

Im Lauf der Geschichte haben es nur wenige geschafft, soviel Menschen für eine Sache zu mobilisieren. Ich behaupte nicht, daß es nicht möglich ist. Ich will sagen, daß das Spiel sehr interessant sein muß. Du sollst jetzt nicht innerhalb der nächsten zwei Jahre ein Netzwerk mit über zwei Milliarden Menschen aus dem Boden stampfen. Ich wollte Dir nur das Potential eines Netzwerks zeigen.

Wenn Du ein Produkt und/oder eine Dienstleistung von hoher Qualität und einen darauf abgestimmten Marketing-Plan entwirfst, der Menschen für ihre Produktivität in dem Netzwerk, das sie entwickelt haben, belohnt, und wenn Du darüber hinaus ein funktionierendes Kommunikationssystem aufbaust und Deine Integrität intakt ist, dann hast Du ein Geschäft mit einem unglaublichen Potential.

Das Potential von Netzwerken besteht darin, daß sie ein Medium liefern, das Menschen zur Erfüllung ihrer Träume gereicht. In unserer Gesellschaft gibt es viele Menschen, die nicht so erfolgreich sind, wie sie sein könnten. Sie haben nicht das richtige Medium für ihren Erfolg gefunden. Netzwerke sind dieses Medium.

Kapitel 6

Freies Unternehmertum

Wirklich freies Unternehmertum steht in Einklang mit der Natur aller Menschen.

Während der vergangenen 200 Jahre haben wir unsere Vision des freien Unternehmens hier in Amerika aus den Augen verloren. Es gab eine Zeit, in der jeder Mensch sein / ihr eigenes Geschäft besaß oder wenigstens alle Möglichkeiten offen hatte, in den Besitz eines solchen Geschäftes zu gelangen. Heute besitzt nur eine geringe Prozentzahl der Bevölkerung ein eigenes Geschäft. Es ist immer noch möglich, ein eigenes Geschäft zu haben, aber die Gesellschaft unterstützt diese Idee nicht. Die soziale Umgebung unterstützt die Idee, eine „gute Anstellung" zu haben und für jemanden zu arbeiten. Für mich gibt es so etwas wie eine „gute Anstellung" nicht. Das ist wie eine „niedliche Klapperschlange".

Die Leute äußern immer wieder, daß arme Menschen lieber arbeiten sollten. Als ob für einen anderen zu arbeiten, eine große Freude im Leben darstellt. Die Möglichkeit für arme Menschen, ein eigenes Geschäft aufzubauen, war über Generationen nicht mehr gegeben. Wir haben vergessen, was es heißt, ein eigenes Geschäft zu haben.

Es ist verführerisch, nach einem Schuldigen zu suchen, der für alles verantwortlich ist. Die Gründer großer Warenhäuser, die Magnaten der Automobilindustrie, die großen Ölbarone und all die Arbeitgeber aus den Spitzen-Unternehmen können hier angeklagt werden. All diese Unternehmen sind von pyramidaler Struktur, in der eine Person an der Spitze einer rigiden Rangordnung sitzt, Die Massen arbeiten in der Mitte der Pyramide auf Positionen, aus denen sie nur schwer aufsteigen können. Es steht nicht dafür, daß jemand als Pförtner für einen großen Automobilhersteller in Detroit anfängt und als Präsident des Unternehmens ausscheidet. Ich behaupte nicht, daß es unmöglich ist. Ich sage, daß die gesellschaftlichen Bedingungen ein solche Entwicklung nicht unterstützen. Wir haben keine *freie* Unternehmensstruktur, sondern ein *Sklaven-* oder Pyramiden-System. Die Menschen werden nicht motiviert. Der Anreiz fehlt. Es mangelt an Erfahrung mit dem Besitz eines Unternehmens. Wenn Du zum Beispiel 15 Jahre lang für ein Unternehmen gearbeitet hast, dann bildest Du für dieses Unternehmen einen unermeßlichen Wert. Dieser Wert besteht über Jahre hinweg. Angenommen, Du entscheidest Dich, zu gehen. Wieviel von dem Wert nimmst Du mit? Angenommen, Du bist behindert und kannst nicht weiterarbeiten. Wieviel von dem Wert, den Du in diesem Unternehmen gebildet hast, kannst Du mitnehmen? Du wirst nichts von Deinem Wert für das Unternehmen behalten.

Wie ich bereits sagte, ist es verführerisch, einen Schuldigen für all das zu finden. *Aber* es gibt keinen Schuldigen. Ideen beherrschen die Welt, nicht Individuen. Wir haben ein komplettes Menü von Ideen geschluckt, das die Gesellschaft, wie wir sie jetzt haben, gestaltet. Ich sage nicht, daß unsere Gesellschaft nicht großartig ist. Wir haben in der Tat das beste System der Welt. Es gibt jedoch viel Raum für Verbesserungen. Die von uns gestalteten ökonomischen Strukturen sind noch nicht im Einklang mit der menschlichen Natur. Es ist an uns, weiterzumachen, bis das *freie* Unternehmertum erreicht ist.

Das wirklich freie Unternehmen ist im Einklang mit der menschlichen Natur. Im Grunde jedes menschlichen Herzens gibt es ein Verlangen, etwas für andere beizutragen. Mit der richtigen Umgebung und den richtigen Anreizen wird *jeder* dazu motiviert. Ich will das deutlich sagen: *jede / r*, ohne Ausnahme.

Das klingt absurd, weil so viele Menschen herumliegen und Sozialhilfe kassieren, nicht wahr? Sind die hier auch gemeint? Ja, das sind sie. Ich bin sicher, daß jede/r von ihnen im Grunde seines Herzens das Verlangen hat, etwas beizutragen und einen Unterschied zu machen. Über Generationen hinweg bestand keine Möglichkeit, einen *wirklichen* Unterschied zu machen. Wir konnten Sklavenarbeit verrichten (d. h., eine Anstellung haben), aber die Möglichkeit, einen wirklichen Beitrag zu leisten, hatten wir nicht. Die meisten Menschen erkennen ihre Möglichkeiten, etwas zu bewirken, selbst dann nicht, wenn sie mit denselben konfrontiert werden. Diese Menschen sind einer Hirnwäsche unterzogen worden. Wir sollten sie deshalb nicht herabsetzen. Unsere Aufgabe ist es, weiterhin auf die Möglichkeiten hinzuweisen, mit der Gewißheit, daß sie irgendwann einmal als solche erkannt werden.

Bei diesen Möglichkeiten handelt es sich um Systeme freien Unternehmertums. Die Idee des Netzwerks wird in der Geschäftswelt eingeführt. Netzwerke überbrücken den Graben zwischen Motivation und Möglichkeit. Sie ermöglichen dem einzelnen, einen Unterschied im Leben anderer Menschen zu machen. Das genau ist es, wonach jeder Mensch im Grunde seines Herzens verlangt.

Ein Netzwerk freier Unternehmen erfordert uneingeschränkte Möglichkeiten. *Und* um aus den Möglichkeiten Nutzen zu ziehen, mußt Du tatsächlich etwas tun: Du mußt ein Netzwerk aufbauen. Das ist nicht einfach. Denn die jetzigen Bedingungen werden immer noch von Negativität, Ablehnung und Abwertung getragen. Die Art, in der sich „business as usual“ (übliches Geschäftsgebaren) über die letzten 200 Jahre manifestiert hat, geschieht jetzt in der Abwertung jedes einzelnen, der wagt, freies Unternehmertum auch nur vorzuschlagen. Wenn Du einem hoffnungslosen Menschen zur Hoffnung rätst, wirst Du als erstes auf Ablehnung stoßen. Er wird denken, daß Du ihn steuern und ausnutzen willst. Der Verstand schützt sich selbst, indem er diese Gedanken denkt.

Wenn Du begreifst, worüber ich in bezug auf Netzwerke im Geschäftsleben rede, dann wirst Du merken, wie es Dich einnimmt. Deine Integrität verlangt von Dir, daß Du selbst teilnimmst. Du bietest anderen die Teilnahme an einem wahrhaft freien Unternehmens-Netzwerk an, auch wenn Ablehnung für Dich schmerzhaft ist. Eine Veränderung erfordert Menschen, die bereit sind, den Kampf aufzunehmen.

Vielleicht verstehst Du noch nicht, was ich Dir sage. Sei nicht beunruhigt, wenn Du es nicht verstehst. Lies weiter. Es wird Dir klar werden.

Kapitel 7

Das Beispiel

Freie Unternehmens-Netzwerke gibt es bereits. Sie arbeiten weltweit.

Mein Plan beinhaltet die Förderung verschiedener Menschen im Netzwerk. Sie werden mit den nötigen Produkten ausgestattet und unterstützt, in ihr neues Geschäft im Dienstleistungsbereich hineinzuwachsen. Darüber hinaus verkauft jeder im Netzwerk eine kleine Menge von Produkten monatlich an Einzelhändler, die nicht direkt mit dem Netzwerk verbunden sind. Zur Verdeutlichung verwende ich eine einfache Skizze:

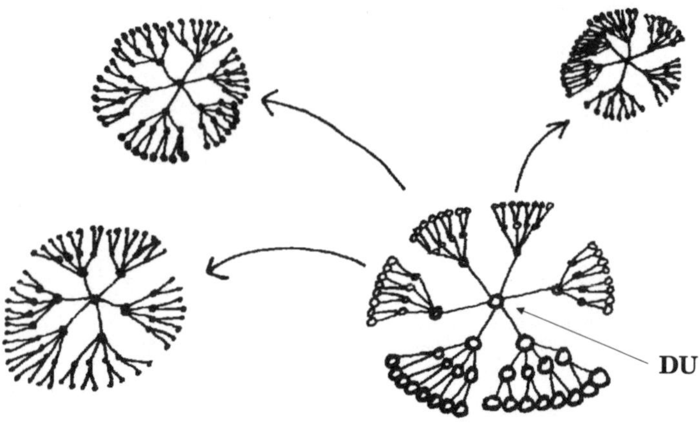

Die Skizze symbolisiert eine kooperative Partnerschaft, in der jeder einzelne sein eigenes Geschäft besitzt, wobei das eigene Geschäft alle Nachfolgegeschäfte mit einschließt. In der Skizze bist Du als zentraler Kreis dargestellt. Du bist auf Einladung eines Sponsors in dieses Geschäft gekommen, möglicherweise durch jemanden, der Dich kennt und Dir vertraut. Im Gegenzug dafür wirbst Du sechs Leute in den nächsten zwei Monaten, die ihrerseits vier anwerben, von denen jeder wiederum zwei weitere anwirbt. Es handelt sich hierbei um ein endliches Netzwerk. Wenn das Netzwerk eine bestimmte Größe und ein bestimmtes Produktionsvolumen erreicht hat, dann bricht es von seinem Sponsor weg. Die Person in der Mitte eines Netzwerks dieser Größe fungiert als direkter Verteiler. Er/sie arbeitet unmittelbar mit dem Hersteller der Produkte zusammen und bekommt seine/ihre Prozente und die Produkte vom Hersteller. Bevor man zum direkten Verteiler wird, bekommt man seine Prozente und die Produkte vom eigenen Sponsor.

Einkommen in Netzwerken freier Unternehmen wird von zwei Dingen bestimmt: 1) durch die Menge der Produkte, die direkt an die Öffentlichkeit verkauft werden, und 2) durch die Dienste, die den anderen Mitgliedern des Netzwerkes erwiesen werden. Wieviel Dienst den anderen im Netzwerk erwiesen wird, mißt sich an der Menge der Produkte, die das gesamte Netzwerk verkauft. In einem gesunden Geschäft dieser Art ist der Anteil des Einkommens, der durch den Direktverkauf an die Öffentlichkeit erzielt wird, sehr gering: er beträgt vielleicht zwei Prozent. Die restlichen 98 Prozent stammen aus dem erwiesenen Dienst für den Aufbau der Geschäfte Deiner „Nachfolger“, das heißt der Verteiler, die Du bei ihrer Geschäftsgründung unterstützt hast, sowie aus den Diensten ihrer Nachfolger.

Das Schöne an einem Geschäft wie diesem ist seine Formbarkeit. Die Größe des Geschäfts paßt sich wie geschmolzenes Plastik dem geistigen Format der das Geschäft leitenden Person an. Kleine Geister führen kleine Geschäfte, mittelgroße Geister mittelgroße Geschäfte und große Geister große Geschäfte. Jeder wird mit seinem geistigen Format konfrontiert, und das führt ein weiteres, unschätzbares Element ein: das persönliche Wachstum. Wenn Du viel Erfolg haben willst und dafür ein Geschäft aufbaust, dann wirst Du gezwungenermaßen mit den Zügen an Dir konfrontiert, die Dich klein halten, *wenn* sich der gewünschte Erfolg nicht einstellt. Praktisch bedeutet das Wachstum.

Es erübrigt sich zu erwähnen, daß diese Art von Geschäften großen Reichtum für viele Menschen gebracht hat. Ich werde Dir nicht die genauen Zahlen nennen, weil ich Dir nicht Dein Hirn rauspusten will. Das Bonus-System ist so strukturiert, daß ein ungeheures Einkommen dadurch erzielt werden kann, daß andere, direkte Verteiler „angeworben" werden. Du verhilfst mit Deiner Unterstützung anderen dazu, ihr eigenes Netzwerk zu entwickeln, bis sie selbst auf eigenen Füßen stehen. Die in der Skizze gezeigten Netzwerk-Strukturen verdeutlichen dies.

Die Methode des direkten Verkaufs im Netzwerk freier Unternehmen ist der entscheidende Schritt in die Zukunft der Geschäftswelt. Das hat gegenüber dem alten Warenhausprinzip den Vorteil, daß die meisten „Zwischenhändler" verschwunden sind und die Leute die Möglichkeit haben, andere direkt zu unterstützen. Wenn Du in ein Geschäft gehst und ein Buch kaufst, dann hast Du nur das Buch. Wenn Du aber das Buch von einem Freund kaufst, der ein Verteiler ist, dann gibt Dir das nicht nur das Buch, sondern auch die Befriedigung, Deinen Freund und dessen Verteiler-Netzwerk unterstützt zu haben. Wenn Du selbst der Verteiler bist, erweist Du Deinem Kunden, der zugleich Dein Freund ist, einen Dienst, der wiederum Deine Leute im Netzwerk bereichert. Du hast mehr Spaß daran, dieses Produkt zu verkaufen, als wenn Du in einem Laden stehen und darauf warten müßtest, daß Dein Freund kommt und ein Buch von Dir kauft. Vielleicht wartest Du fünf Jahre darauf, daß er kommt; und die Profite aus dem Verkauf gehen dann an Leute aus der Geschäftsleitung, die Du nicht kennst, oder — noch schlimmer — an Aktionäre, die mit dem eigentlichen Verkauf des Buches überhaupt nichts zu tun haben.

Ich prophezeie, daß gegen Ende dieses Jahrhunderts die Warenhäuser überholt sein werden. Dieser Wechsel ist Teil der Transformation, die jetzt in der Welt geschieht. Für mich ist es ein aufregendes Zeitalter und ein Privileg, an dieser Transformation auf der Ebene des Geldflusses (Geschäft) teilnehmen zu dürfen.

Wenn Du wissen willst, wie das System des Netzwerks im Buchvertrieb funktioniert, dann bestelle „The Context Network, A Business Of Your Own“. (Bislang nur in englischer Sprache erschienen, Anm. d. Übers.)

Kapitel 8

Der Himmel auf Erden

Hier auf Erden gibt es alle Elemente des Himmels.

Ich bin so kühn und sage Dir, daß das Leben auf Erden der Himmel sein kann. Aber vorher will ich von Dir wissen: Wie kannst Du wissen, daß Du nicht auf einem anderen Planeten lebst? Bist Du sicher, daß Du stirbst und in den Himmel kommst und daß es das dann war*? Tatsächlich weißt Du das nicht. Wenn Du diese Metapher nimmst und sie als „wahr"* ansiehst*, dann kannst Du Dein Leben auf Erden als Himmel auf Erden gestalten. Denk einen Moment darüber nach, daß es im „Himmel" nichts gibt, was wir nicht schon genau hier in diesem Leben auf der Erde haben. Es ist für Dich da. Du mußt zugreifen, wenn sich die Gelegenheit bietet. Sowie Du die sich ergebenden Gelegenheiten nicht ergreifst, lebst Du in der Hölle — hier und jetzt auf der Erde.*

Ich will Dir vom Himmel erzählen. Himmel ist ein ganzer Planet zum Leben. Himmel sind Milliarden von Mitmenschen in einem Spiel namens Leben. Himmel bedeutet, mit Herausforderungen konfrontiert zu werden, an denen Du Dich messen und wachsen kannst. Himmel ist, geboren zu werden und einen Körper zu haben, der Dir dient und Dich unterstützt. Himmel sind Menschen um Dich herum, die Dich lieben, sobald Du aufhörst, recht haben zu wollen. Himmel ist Leben im Zeitalter der Transformation und die Gelegenheit, an dieser Transformation teilzunehmen. Himmel ist der Zustand der Dunkelheit in der Welt, durch die Du mit Hilfe Deines Lebens wie mit einem Messer schneiden kannst. Himmel sind Menschen auf der Welt, die Du bewundern und respektieren kannst. Himmel ist, wenn Dir *nichts* gegeben wird. Himmel bedeutet, an der Startlinie des Lebens zu beginnen und Deine Persönlichkeit und Dein sehr eigenes Leben aus dem Rohmaterial Deiner Fähigkeiten zu formen. Himmel ist, lebendig sein und einen Traum träumen.

Ich träume, daß mein Sohn all das und mehr haben wird, wenn er zu einem Mann heranwächst. Ich träume den Traum, daß die Welt für ihn dereinst besser gewesen sein wird als für mich, als ich auf dem Weg in mein Erwachsensein das Beste aus meinem Leben gemacht habe. Ich träume den Traum der Freiheit für jeden Menschen auf unserem Planeten — der „inneren“ und der „äußeren“ Freiheit der menschlichen Seele, des Geistes und der Bedingungen, in denen wir leben. Ich träume den Traum einer wirtschaftlichen Neuordnung der Welt und vom Ende des Hungertodes. Ich träume den Traum der Transformation auf der Ebene von Beziehungen, daß die Menschen aufwachen und einander lieben, daß sie ihre Geliebten, ihre Männer, ihre Frauen, ihre Kinder, ihre Nachbarn und vor allen Dingen die Menschen lieben, die sie nicht kennen, nicht aus einem bestimmten Grund, sondern einfach nur deshalb, weil das Lebens so ist. Ich träume den Traum, daß Menschen wagen, aus der Reihe zu tanzen, und den Mut haben, den Beitrag zum Leben zu leisten, den sich jeder Mensch zutiefst wünscht. Ich träume all diese Träume und mehr, viel viel mehr ..., ich würde buchstäblich mein Leben hingeben für diese Träume, *und* ich würde voller Dankbarkeit mit meinem Leben tun, was nötig ist, um diese Träume Realität werden zu lassen.

Ich weiß, daß Du nicht anders bist als ich. Ich weiß, daß auch Du Träume hast. Ich weiß, daß Du danach fieberst, Deinen Beirag zum Leben zu leisten. Ich weiß, daß Du die Kleinlichkeit, die Dich in den alten Gleisen des Lebens hält, aufgeben willst. Ich weiß, daß Du den Beitrag leisten kannst, von dem Du immer geträumt hast, wenn es einmal wirklich für Dich wird. Du wirst aus der Reihe tanzen und den Mut haben, dumm auszusehen. Du wirst in einem Umfeld ohne Zustimmung handeln. *Du wirst den Bedingungen dieser Welt ins Auge sehen und für sie verantwortlich sein.*

Ich weiß, daß Du weißt, daß alles mit Dir beginnt. Du wirst Dich entsprechend Deiner Großartigkeit achten und beginnen, andere ebenso zu würdigen.

Da Du und ich so miteinander verbunden sind, vertraue ich Dir. Ich bewundere Dich. Ich liebe Dich. Ich freue mich auf die Zukunft unserer gemeinsamen Partnerschaft. Wenn das nicht der Himmel ist, dann gibt es keinen Himmel.

Epilog

Während ich wieder einmal die letzten Worte einer Arbeit schreibe, werde ich von der Natur der Menschen bewegt und inspiriert, in Wahrheit durch Dich, inspiriert durch Deine Vision der Menschlichkeit, Deinen Mut, Deine Würde und Deinen Kampf mit dem Leben. Ich weiß genau um den Unterschied, den Du machst, und um die Freude, ein Mensch und lebendig zu sein. Ich weiß, daß Du weißt, daß Liebe ist, daß Transformation ist und daß Du beides bist.

Wenn es wertvoll für Dich war, dieses Buch zu lesen, dann vergrößere den Wert, indem Du es mit jedem teilst, den Du kennst.

Ron

Sie sind ohne
Gebrauchsanweisung geboren.
Welche haben Sie erfunden?

Ron Smothermon

HANDBUCH FÜR DAS DRITTE JAHR1000

Wir erschaffen uns unsere eigene Realität in einem schöpferischen Prozeß. Wie sind Sie mit Ihrem Ergebnis – er zeigt sich in Ihrem Lebensgefühl und Ihren Beiträgen zu dieser Welt – zufrieden? Befreien oder versklaven Sie sich und andere?

Spüren Sie einen ständigen Zuwachs an Kraft, Kreativität, Lebensglück, Intensität in Ihren Beziehungen, an Liebe für diese Welt, oder hängen Sie irgendwo fest?

Das neueste, unbequemste und befreiendste Werk von einem der großen Wachtstumshelfer unserer Zeit.

Ron Smothermon, ehemals Arzt (Psychiater), jetzt Autor, Trainer und Künstler liefert Ihnen in diesem Buch eine machtvolle Lebensphilosophie für das nächste Jahrtausend. In seiner genialen Art beschreibt er die Hindernisse, die zwischen uns und einem schöpferischen, tief befriedigenden Leben stehen und liefert das „Räumwerkzeug".

Ron Smothermon
Handbuch für das Dritte Jahr1000
Übersetzt von Heike Carl
ISBN 3-926257-09-1
Qualitätsbrosch., ca. 380 S.

Ich lade Sie ein, mit mir zu korrespondieren.
Sie können den Vordruck aus dem Buch trennen und erhalten kostenlos und unverbindlich Informationen über meine Arbeit im deutschsprachigen Raum, meine Korrespondenz-/ Telefonkurse und das Mann/Frau-Training, das ich mehrmals jährlich in Europa durchführe.

Absender

Name ______________________

Vorname ______________________

Straße ______________________

Land ______ PLZ ______ Ort ______________

Bitte senden Sie mir unverbindlich Informationsmaterial zu !

Raum für weitere Mitteilungen

Ron Smothermon
P. O. Box 2909
Rohnert Park CA 94927
USA

Ein Buch
voller Poesie und Intensität

Stephen Levine

Wer stirbt?

Wege durch den Tod

„Wer stirbt?" ist das erste Buch, das zeigt, wie die Beschäftigung mit dem Prozeß des Sterbens uns für die Unermeßlichkeit des Lebens öffnet.

Stephen Levine führt uns einfühlsam und voller Poesie auf den Weg des vollkommenen Gewahrseins am Leben als perfekte Vorbereitung für alles, was unerwartet als nächstes auf uns zukommen kann: Trauer oder Freude, Verlust oder Bereicherung, Tod oder ein anderes neues Lebenswunder.

Stephen Levine ist Dichter und Meditationslehrer. Er war ein enger Mitarbeiter von Elisabeth Kübler-Ross. Heute leitet er das „Human Foundation Dying Project" und steht darüberhinaus vielen Krankenhäusern und Meditationsgruppen in den USA als Berater zur Verfügung.

„Seine Arbeit mit Leidenden und Sterbenden ist so voller Mitgefühl und dabei äußerst professionell. Sie gehört zu den besten in diesem Land."

Elisabeth Kübler-Ross

Stephen Levine
Wer stirbt? – Wege durch den Tod
ISBN 3-926257-11-3
Qualitätsbroschur, ca. 400 S.